T0303537

LECCIONES PRÁCTICAS DE LA VIDA

John MacArthur

Editorial CLIE
www.clie.es

EDITORIAL CLIE
C/ Ferrocarril, 8
08232 VILADECAVALLS
(Barcelona) ESPAÑA
E-mail: clie@clie.es
http://www.clie.es

LECCIONES PRÁCTICAS DE LA VIDA
ISBN: 978-84-17131-42-5
Depósito Legal: B 23450-2018
Sermones
Sermones completos
Referencia: 225075

Impreso en USA / *Printed in USA*

John F. MacArthur Jr. nacido el 19 de Junio de 1939, hijo de un pastor bautista conservador norteamericano, estudió en el *Talbot Theological Seminary* (1970) y el *Dallas Theological Seminary*. Es pastor de *Grace Community Church* en Sun Valley (California) una de las iglesias de mayor crecimiento en Estados Unidos y cuenta con un programa de radio *«Gracia a Vosotros»* que se transmite en varios idiomas. Autor de numerosos comentarios y libros basados en sus sermones, también traducidos a diversos idiomas, figura entre los autores evangélicos conservadores más leídos y apreciados de nuestra época.

El Pastor John MacArthur es ampliamente conocido por su enfoque detallado y transparente de enseñanza bíblica. Él es un pastor de quinta generación, un escritor y conferencista conocido, y ha servido como pastor-maestro desde 1969 en **Grace Community Church** en Sun Valley, California, E.U.A.

El ministerio de púlpito del Pastor MacArthur se ha extendido a nivel mundial mediante su ministerio de radio y publicaciones, Grace to You, contando con oficinas en Australia, Canadá, Europa, India, Nueva Zelanda, Singapur y Sudáfrica. Además de producir programas radiales que se transmiten diariamente para casi 2,000 estaciones de radio por todo el mundo en inglés y en español, Grace to You distribuye libros, software y audio en CDs y formato MP3 con la enseñanza del Pastor MacArthur. En sus cincuenta años de ministerio, Grace to You ha distribuido más de trece millones de CDs y cintas de audio.

El Pastor MacArthur es el presidente de la universidad **The Master's University** y el seminario **The Master's Seminary**. Él también ha escrito cientos de libros, cada uno de los cuales son profundamente bíblicos y prácticos. Algunos de sus títulos de mayor venta son El evangelio según Jesucristo, La segunda venida, Avergonzados del evangelio, Doce hombres comunes y corrientes y La Biblia de estudio MacArthur.

Junto con su esposa Patricia, tienen cuatro hijos adultos y catorce nietos.

_Índice

_Lecciones de la Vida
Prólogo

Editorial Clie ha estado publicando, bajo dos series, las predicaciones de John MacArthur: "Sermones Temáticos" y "Sermones Selectos". El libro *Lecciones de la Vida* es parte de una de estas importantes series. En este volumen, están incluidos diez sermones que John MacArthur predicó en diferentes momentos a una audiencia que incluye estudiantes universitarios y de seminario, como también público en general.

Considerando que la Biblia contiene sabiduría e instrucción en sus 66 libros (2 Tim. 3:16-17), *Lecciones de la Vida* es el resultado del estudio profundo de John MacArthur y la exposición sistemática de la Palabra de Dios, sobre temas vitales para todo verdadero cristiano.

Con el propósito de darle al lector una sinopsis del contenido de este práctico libro, a continuación, hago un esbozo de cada sermón que se incluye en *Lecciones de la Vida*.

En el primer mensaje, es un reto para pensar sobre los elementos básicos del discipulado y su aplicación individual en cada cristiano. En el pasaje de 2 Corintios 4:14-21 se da respuesta a preguntas como: ¿Qué es lo que realmente abarca discipular a alguien? ¿Qué constituye una relación de discipulado? o ¿Qué es lo que ese proceso involucra? En esta sección de las Escrituras se encuentra un modelo de discipulado implícito, el cual contiene seis elementos que constituyen una relación de discipulado eficaz.

En el próximo sermón, se explica de manera muy específica, tal como lo hace el apóstol Pablo en 2 Timoteo 2, lo que significa ser fuerte en el Señor. Para esto, nos da cuatro retratos que fluyen de este texto y que definen a un cristiano efectivamente fuerte. En otras palabras, si un cristiano va a ser fuerte en el Señor, así es como debe verse.

La siguiente es una lección que estudia la entrada a la tierra prometida del Pueblo escogido por Dios. Presenta un paralelismo entre Josué 1 y 2 Timoteo 3:16-17 en cuanto a lo que la Palabra de Dios es y su utilidad en la vida del hombre. Y en este sermón en Josué 1, encontramos cuatro componentes que motivan a un cristiano a ser fuerte y valiente. El primer componente es fe en la presencia de Dios, el segundo es fe en el propósito de Dios, el tercero es confianza en la providencia soberana de Dios y el cuarto es la obediencia o el deber de ser fuerte y valiente.

Conocer la voluntad de Dios no es un misterio imposible de resolver. En este mensaje, John MacArthur, nos presenta los principios que Dios nos ha dado en Su Palabra que nos guiarán a conocer Su voluntad. Dios quiere que las personas sean salvas, llenas del Espíritu Santo y santificadas. Si esto es una realidad en nuestra vida, podemos simplemente seguir esos deseos del corazón que Dios ha puesto allí. Recorriendo distintas Escrituras Seleccionadas, somos guiados a entender la importancia de una vida controlada por la Palabra de Dios.

El pecado es inevitable, es poderoso, está presente y afecta a todo cristiano. Y, en este sermón, Dios nos manda a mortificarlo y a despojarnos de él. Pero, ¿cómo lo hacemos? Dios nos ha dado algunos principios para llevar esto a cabo: memorizar las Escrituras, y cuando uno peca, arrepentirse inmediatamente exponiendo a Dios el mismo y arrepentirse. Cuidarse de la sutileza del pecado y orar continuamente buscando ayuda divina. Deben ser un patrón en la vida diaria. Mediante el estudio de Escrituras Seleccionadas recibimos el consejo para lidiar con el pecado que nos afecta.

En el libro de Proverbios, el cristiano puede aprender qué es la sabiduría. La sabiduría no es algo esotérico, confuso, místico o conceptual. La sabiduría es la capacidad para vivir y comienza con el temor a Dios. En este mensaje John MacArthur, nos exhorta a guardar la mente, escoger las amistades, controlar el cuerpo, cuidar lo que se dice, controlar los pensamientos y las palabras, y esforzarnos en trabajar. Ser administradores fieles de lo que Dios nos da, como el dinero y todo lo material y una práctica de manera especial por el amor al prójimo es vital. Cuando se hace todo esto, se ha aprendido y practicado la sabiduría de Dios que nos ha dejado en su Palabra.

En Tito 3, encontramos la responsabilidad del cristiano en una sociedad pagana, motivándonos a cumplir el compromiso de llevar a las personas a la verdad de Dios. Pero, ¿cómo vamos a vivir nuestras vidas de tal manera que la Palabra de Dios no sea deshonrada? En primer lugar, debemos recordar nuestra responsabilidad en la sociedad, la cual incluye someternos a la autoridad. En segundo lugar, debemos recordar nuestra condición anterior, que era un patrón de vida pecaminoso. Y, en tercer lugar, debemos tener presente que nuestra salvación es por la gracia de Dios; y esta es la única razón por la que somos diferentes. Un hecho atribuible solo a Dios.

Cuando nos preguntamos, ¿cuál es el deseo de Dios para nosotros, los creyentes? Podemos responder como lo hace y explica John MacArthur con Escrituras Seleccionadas, en este sermón. Es el deseo de Dios que seamos conformados a la imagen de su Hijo. En otras palabras, debemos procurar una santificación práctica en nuestras vidas. ¿Cómo podemos lograrlo? Primero, debemos confesar y abandonar cualquier pecado, incluyendo el pecado secreto. Segundo, no debemos exponernos a atracciones pecaminosas que afecten nuestra santificación. Tercero, debemos alimentarnos de la Palabra de Dios. Y finalmente, debemos cultivar amor por el Señor.

Teniendo como texto 2 Corintios 5 podemos ver que hay dos tipos de ambición, una que es pecaminosa y otra que es noble. Dios desea que poseamos una ambición espiritual como la del apóstol Pablo. Su ambición no estaba fundada en nada de lo que este mundo ofrece. El que posee este tipo de ambición, sabe cómo humillarse, cómo abundar y cómo estar gozoso cuando Cristo es honrado. Es un anhelo de honrar a Dios. Esa, de hecho, es la ambición más noble de todas.

¿Cómo desarrollamos un criterio para tomar ese tipo de decisiones sobre asuntos que no son indicados claramente en las Escrituras? Los que en ocasiones llamamos grises. Y, ¿cómo lo hacemos de una manera que honre a Dios? Hay una serie de principios que podemos seguir para lograrlo. Tenemos el principio de lo que es benéfico, el principio de edificación, el principio del exceso, el principio de la esclavitud, el principio del encubrimiento, el principio de infiltración y el principio de la exaltación.

01_Aprendiendo la vida cristiana

Quiero compartir con ustedes de mi propio corazón un poco esta mañana. Tomen su Biblia y me acompañan a 1 Corintios capítulo 4. Quiero llevarlos a algunos pensamientos en el tema del discipulado. Muchas personas me preguntan, muchos alumnos me hacen preguntas acerca del discipulado. Es algo que me ocurre casi cada semana. Y pensé que podría tomar un poco de tiempo hoy para compartirles algunos de los elementos básicos del discipulado: ¿Qué es lo que realmente está involucrado en discipular a alguien? ¿Qué constituye realmente una relación de discipulado?

Obviamente, desde la administración de la facultad, desde el personal hasta los alumnos, estamos comprometidos con un proceso de discipulado. Pero, ¿qué es lo que ese proceso involucra? Yo creo que en 1 Corintios capítulo 4, versículos 14 hasta el final del capítulo, versículo 21, encontramos un buen modelo. Es lo que yo llamaría un modelo de discipulado implícito en lugar de que sea uno explícito en el sentido de que no dice "esto es discipulado". Lo implica en el proceso de delinear las verdades en este texto en particular. Hay seis elementos aquí que creo que constituyen una relación de discipulado eficaz.

Y necesitan ver esto de dos maneras, una como un discipulador y otra como un discípulo si es que puedo dividirlo en dos partes. Uno tiene que ver con ser discipulado y otro tiene que ver con discipular a alguien más. Esto es lo que tiene estar involucrado. Esto es los que estamos involucrados al discipular a alguien.

Ahora, Pablo le está escribiendo a los corintios. En todos los sentidos ellos son sus discípulos. Desde el principio ellos han aprendido de él. Ellos continúan aprendiendo de él. Él escribe esta carta a ellos como aquel que es responsable de su discipulado.

Permítanme darles una definición simple de la palabra discípulo. Significa un aprendiz. *Mathetes* en el griego significa un aprendiz, alguien que aprende. Y eso es todo lo que un discípulo es. Discipular es simplemente enseñarle a alguien. No es simplemente didáctico. Es implantar en su vida un patrón de vida.

De hecho, con frecuencia he dicho que la mejor manera de definir el discipulado es una amistad profunda con un núcleo espiritual. Es una amistad profunda con un núcleo espiritual. Es venir al lado de alguien no para efectos de mera instrucción, sino para transmitir tus patrones de vida a ellos.

Y esto significa que no es solo diseminar información. Es enseñarles cómo vivir una vida piadosa. Es vivir en el mundo con ellos y transmitir información en las luchas y asuntos diarios de la vida. Discipular a alguien es reproducir en ellos el patrón de tu propia vida. Es más que didáctico. Es más que información. Es mucho más profundo que eso.

Pero hay seis ingredientes que Pablo delinea aquí, conforme habla acerca de su relación con los corintios. Y quiero darles estos seis puntos para que los piensen porque creo que le van a ayudar a enmarcar en lo que consiste el discipulado. Y tú puedes esperar que la persona a la que estás discipulando viva a la luz de esto.

Número uno, y veamos el texto, en primer lugar, en los versículos 14 y 15, vamos a leer estos versículos. "No escribo esto para avergonzaros, sino para amonestaros como a hijos míos amados. Porque, aunque tengáis diez mil ayos en Cristo, no tendréis muchos padres; pues en Cristo Jesús yo os engendré por medio del evangelio".

Ahora, Pablo aquí está diciendo 'ustedes son mis hijos, son mis discípulos. Ustedes son mis seguidores'. Y la primera razón o el primer elemento de eso es que el discipulador engendra. ¿Muy bien? Engendra. Escriba eso. Él engendra. Aquí es en donde la relación realmente comienza. Pablo dice: 'Ustedes son mis hijos amados. Me siento responsable por ustedes'. Esa es la razón por la que él les escribió 1 Corintios. Esa es la razón por la que les escribió 2 Corintios. Esa es la razón por la que pasó 18 meses de su vida en la ciudad de Corinto.

Por cierto, esa también es la razón por la que él les escribió 3 Corintios, la cual no es un libro canónico, sino otra carta que Pablo les escribió entre 1 y 2 Corintios. Y ahí expresó su preocupación continua por ellos. Fue un libro escrito por Pablo, no por el Espíritu Santo. Entonces, no aparece en las Escrituras. Pero él le escribió por lo menos tres cartas, dos de ellas inspiradas. Él pasó 18 meses de su vida ahí. Él estuvo involucrado íntimamente en el proceso de nutrirlos como sus discípulos.

Pero todo comenzó cuando él los engendró. Y el versículo 15 a donde vamos para ver eso, él dice: si tuvieran múltiples tutores. Ahora, esa es una palabra interesante, ayos o tutores, paidagogos. Paidagogos, esta palabra significa guardianes morales. No es la idea de un maestro. Es la idea de alguien que fue contratado por una familia para venir al lado de los hijos en la familia y guardar o proteger su desarrollo moral. En la mayoría de los casos, era un esclavo no contratado para enseñarles, sino contratado para protegerlos. Contratado para caminar con ellos. Para pasar su tiempo con ellos, para asegurarse de que sus vidas fueran como debían ser. Casi como una nana. Casi como un guardián. Podríamos traducirlo: podrían tener a diez mil, esa es la palabra griega, podrían tener a diez mil guardianes morales, podrían tener a un número ilimitado de personas que están preocupados por su desarrollo moral. Sin embargo, no tienen muchos padres. ¿Cuántos padres tiene alguien? Uno. Solo tienen a uno que engendra.

Entonces, podrían tener a diez mil personas preocupadas por su desarrollo moral, pero solo tienen a un padre en Cristo Jesús. Y aquí, el uso enfático de ego, yo solo me convertí en su padre a través del Evangelio. El proceso de discipulado comienza cuando engendra a alguien. Cuando los engendra en la fe. Ahí es donde comienza el proceso de discipulado. Y cuando tú has cumplido con tu responsabilidad, le has dado seguimiento de comunicar a Cristo y tienes el privilegio de guiar a alguien al Señor, entonces, te conviertes en su padre espiritual.

Y podrían tener a diez mil guardianes mundiales, pero te van a ver en una relación única. Te van a ver como su padre espiritual. Habiéndolos engendrado a través del Evangelio. Y va a haber un vínculo como ningún otro vínculo.

Puedo decirles eso a partir de la experiencia personal. La gente a la que yo he tenido el privilegio de llevar a Cristo tiene una relación muy diferente conmigo de la que cualquier otra persona, porque me ven como un instrumento muy especial de Dios en su vida y el apego es casi aterrador.

Estuve en Phoenix y en Alburquerque esta semana, en conferencia de pastores toda la semana. Y en algunas ocasiones, durante esos tiempos en los que estaba ahí con varios miles de personas y después, con los seminarios durante el día con pastores, la gente se me acercaba con lágrimas y quería abrazarme y decirme: "Fui salvo al escucharte predicar". "Fui salvo al escuchar tu programa de radio". "Fui salvo al leer algo que escribiste". Hay un vínculo ahí que realmente es sorprendente. Y el tipo de proceso de discipulado más puro y más verdadero fluye de esa relación uno a uno, cuando uno engendra a otro mediante el Evangelio de Jesucristo. Y encontrarás en esa relación tanta satisfacción y tanto gozo porque el vínculo de amor es profundo.

Ahora, usted puede preguntar: "Bueno, ¿estás diciendo que nunca debes discipular a alguien a quien no has llevado a Cristo?" No. Porque tenemos que enfrentarlo, muchas personas han sido llevadas a Cristo que no tienen acceso a la persona que fue el instrumento en llevarlas a Cristo. Quizás, la persona se mudó, quizás es como yo, leen un libro o escuchan una cinta o escucharon un programa de radio o quizás, alguien los llevó a Cristo y no les dio seguimiento. Entonces, con frecuencia he pensado que el mundo ciertamente está lleno de bebés nuevos en Cristo que están ahí acostados dando patadas y gritando, rogando porque alguien los alimente y cambie sus pañales. Entonces, hay muchas personas que no están siendo discipuladas porque quien los discipuló o no los pudo discipular o no les dio seguimiento.

Pero simplemente, recuerde esto: este vínculo en el discipulado es el más puro y el más satisfactorio cuando ha sido el padre espiritual en esa relación. Comienza con evangelismo. Y si vamos a ser un discipulador verdadero, tenemos que ser un evangelista verdadero. Llevar a alguien a Cristo es donde comienza todo. Y obviamente, sería ideal si toda persona que guió a alguien a Cristo fuera responsable de darle seguimiento, pero no siempre eso es posible. Y entonces, de vez en cuando, tenemos que recoger a los hijos de otras personas y convertirnos en sus padrastros en el proceso de discipulado. Pero ahí es donde todo comienza.

Entonces, permítanme tan solo alentarlos, jóvenes, que es esencial que estemos involucrados en el elemento de discipulado de engendrar, de llevar a gente al conocimiento de Jesucristo. Fui tan animado esta mañana en el ministerio de la clase de foro que tengo el lunes por la mañana. Varias de las preguntas en esta mañana vinieron de alumnos que me preguntaron cómo ser más eficaces en el evangelismo. Cómo ser más eficaces a nivel personal. Cómo ser más eficaces al llevar a alguien a Jesucristo. Claro que eso es tremendamente alentador para mí, porque ahí es en donde comienza el proceso de discipulado. Y cuando llevas a alguien a Jesucristo, sientes el vínculo de eso.

Puedo darles una ilustración extraña, pero verdadera. Tuve el privilegio de llevar a una niña a Cristo. Ella salió de una familia no creyente, no salva. Y fue muy difícil para mí, porque ella era una niña de preparatoria y yo era un joven en la preparatoria. En mi último año de la preparatoria y tuve el privilegio de llevar a una niña Cristo. Resulta que ella era una niña hermosa y tuve el privilegio de llevarla a Cristo. Durante varios años, fue una carga tremenda en su corazón, porque ella no podía separar el afecto que sentía hacia mí como su padre espiritual, del tipo de amor que ella sentiría de un hombre con el que querría casarse. Y llegó al punto en el que dos semanas antes de casarse con otro hombre, ella se me acercó y me dijo: "Si te casaras conmigo, yo estoy dispuesta a cancelar la boda".

Ahora, yo era tan joven que realmente no supe cómo enfrentar esto. Pero he mirado hacia atrás a ese incidente, por cierto no me casé con ella, ella no canceló la boda. Se casó con el hombre, lo cual estuvo bien. No sentía que ese era el propósito para ninguno de los dos en ese momento. Y obviamente, no lo fue. Pero el punto es que el vínculo era tan fuerte que tuve que enseñarle que el vínculo espiritual que sientes hacia alguien, no es necesariamente la indicación de Dios de que ese debe ser tu compañero de por vida. Con frecuencia he pensado en ese vínculo que ocurre cuando tienes el privilegio de llevar a alguien a Jesucristo.

Hablando de un amigo verdadero, ¿estás buscando un amigo verdadero? Lleva a alguien a Cristo y ahora tienes un amigo. Probablemente un amigo que en la mayoría de los casos va a ser más fiel que un hermano.

El segundo elemento en el discipulado después de que has engendrado a alguien. Observe el versículo 14. Pablo les está escribiendo a ellos y él ha estado reprendiéndolos de uno a otro lado. Durante cuatro capítulos, él realmente los ha reprendido. ¿Cuál es la forma más elevada de abuso o crítica? Bueno, normalmente la gente dice sarcasmo. Sarcasmo es la forma más elevada, la forma más volátil de menospreciar verbalmente a alguien. Y él se vuelve muy sarcástico con ellos en el capítulo 4. De hecho, pueden ver el versículo 8, ahí observen el sarcasmo. Él les dice a estos corintios: "Ya estáis saciados, ya estáis ricos, sin nosotros reináis". ¿No son ustedes lo mejor? Ahora, eso es sarcástico. "¡Y ojalá reinaseis, para que nosotros reinásemos también juntamente con vosotros!" Él está tan enojado con ellos que está haciendo sarcástico.

Y en el versículo 10 dice: "Nosotros somos insensatos por amor de Cristo, mas vosotros prudentes en Cristo; nosotros débiles, mas vosotros fuertes; vosotros honorables, mas nosotros despreciados". Él está goteando de sarcasmo. Él está muy molesto.

Ahora, ¿por qué está hablando así? Y sus oídos están comenzando a arder y después usted llega al versículo 14 y dice: "No escribo esto para avergonzaros". Escucha, nunca debe ser la meta avergonzar a alguien. Eso es negativo. No debes querer avergonzar a la gente. No debes querer avergonzarlos. No debes menospreciarlos. Él dice no les escribo estas cosas para avergonzarlos, para apenarlos.

Pero aquí viene: "sino para amonestarlos". Y aquí está el segundo elemento en el proceso de discipulado. Él no solo engendra, sino también amonesta. Ahora, ¿qué significa amonestar? Describe la palabra advertir. Él advierte. Advierte. Eso es lo que realmente significa. Este es un verbo griego, *noutheteo*, y lo que significa es amonestar o alentar a alguien con miras a un juicio inminente. Eso es advertir. Es decir: "Mira, si continúas por el camino por el que vas, las consecuencias van a ser serias". Él dice que esa es la razón por la que les está escribiendo a ellos. "Es porque estoy advirtiéndoles del camino al que se dirigen".

Los corintios estaban en discordia, estaban diciendo, 'yo soy de Pablo' y otros estaban diciendo, 'yo soy de Apolo'. Otros estaban diciendo, 'yo soy de Cristo,' y algunos estaban diciendo, como ustedes saben, 'yo soy de Cefas'. Ahí había discordia. No estaban reconociendo que iban a juzgar al mundo y, por lo tanto, debían juzgar en sus propias disputas. Y estaban acudiendo a las cortes de los hombres y no tenía nada que ver en llevar sus problemas delante de las cortes paganas mundanas. Estaban equivocados en el área de la soltería, estaban equivocados en el área del matrimonio, estaban equivocados en el área del sexo, estaban equivocados en las segundas nupcias, estaban equivocados acerca de la carne ofrecida a los ídolos y la adoración pagana.

Estaban confundidos en muchas, muchas cosas. Estaban confundidos, como ustedes saben, más adelante, acerca de los dones espirituales. Estaban confundidos acerca de la resurrección de los muertos. Había todo tipo de problemas en esa iglesia. Y Pablo les está diciendo: "Tengo que advertirles que, si continúan por este camino, van a enfrentar a algunas consecuencias serias. Van a enfrentarse con consecuencias serias". Yo creo que eso es parte del proceso del discipulado. Hay un elemento de advertencia aquí: cuando tú amas a alguien, le advierte. Ciertamente, como padre, yo les advierto a mis hijos, motivado por el amor. Nadie dice. '¿Por qué advierte continuamente a tus hijos? ¿No los amas?' Espera un momento. Les advierto porque los amo. No toques eso, está caliente. No te metas ahí, te va a quemar. No camines por la carretera, un coche te podría atropellar… Digo, es una expresión normal de amor que dice más vale que no hagas eso o las consecuencias serán malas.

Un par de semanas atrás, en la iglesia, di una ilustración. Simplemente la repito para aquellos de ustedes que quizás no pudieron estar. Prendí la radio y había un programa cristiano. Una dama llamó a un programa de consejería. Ella dijo: "Soy cristiana y tengo un problema real y quiero preguntarte acerca de mi problema". Y el consejero ahí dijo: "Muy bien". Ella dijo: "Yo realmente soy una adicta sexual compulsiva", lo cual es un término algo torpe, pero así es como ella lo expresó. Ella dijo: "Yo simplemente quiero tener sexo todo el tiempo". Y él le preguntó qué quería decir, cómo es que se manifiesta así. Y ella dijo: "Bueno, simplemente me acuesto con todo el mundo, con cualquier persona. Conozco a alguien y me quiero acostar con él. Simplemente, me veo motivada a hacer eso". Y él le dijo: "Esta es una estación de radio cristiana, un programa de consejería cristiana". Y le dijo más: "Dime, cuéntame de tu padre".

Ella dijo: "Oh, mi padre era pasivo. Él nunca me dio ningún consejo. Nunca me dijo nada. Él simplemente fue pasivo. Y él dijo: "Ajá, sí, eso tiene sentido". Y después dijo: "Cuéntame de tu madre". Ella dijo: "Amor, odio, amor, odio, amor, odio. Amo a mi madre, ella me ama, pero odio el hecho de que ella es controladora y dominante y siempre trata de dominarme". Él respondió: "Ah, ya veo. Ya veo. ¿No te das cuenta de por qué estás actuando así? Estás tratando de castigar a tu padre y a tu madre. Estás tratando de castigar a tu padre, quien no te dio dirección al decirle 'no me diste ninguna dirección y ahora soy como soy'. Estás tratando de castigar a tu madre, quien era controladora, quien trató de controlar tu vida al decirle 'ahora estoy fuera de control, ve cómo estoy viviendo. Recibe esto'. Y no te das cuenta de lo que estás haciendo. Y como puedes ver, estás haciendo esto para vengarte de tus padres por las heridas profundas que han aplicado en tu vida".

Y después, él dijo: "Lo que necesitas realmente es terapia, va a tomar mucho tiempo". Y ella dijo: "Oh, ya he estado en terapia un año". Y él dijo: "Va a tomar más tiempo que eso, es como tomar un pedazo de carne y sacarlo del congelador. No lo puedes comer. Tienes que dejar que se descongele y va a tomar mucho tiempo para que eso ocurra".

Y después continuó: "Lo que necesitas es encontrar un ambiente de iglesia que te acepte, amoroso, donde la gente realmente esté dispuesta a trabajar contigo conforme luchas por enfrentar este asunto". Y yo me dije a mí mismo: Eso es lo más ridículo que he escuchado en mi vida. Lo que él debería haberle dicho es: Yo no sé si eres cristiana debido a que los fornicarios no heredarán el Reino de Dios. Pero si fuera verdad que pudiera ser una cristiana viviendo en pecado, quiero decirle a usted que por favor se ponga de rodillas y se arrepienta de su fornicación y clame a Dios por su gracia antes de que la ira de Dios caiga sobre usted y sea disciplinada severamente por la manera en la que está viviendo. Usted no necesita un ambiente que la acepte. Usted necesita un ambiente que la confronte.

Eso es lo que hace el discipulado. No acaricia el pecado, sino que lo confronta en amor. No lo tolera, pero esa es la manera de pensar de la época que dice: "Debido a que de cualquier manera no es tu culpa, ¿por qué debemos hacerte responsable por tu conducta?" Pablo ciertamente no enfrentó las cosas de esa manera.

En 1 Corintios él dice: "Más vale que se mantengan alejados de ese pecado sexual". Él confrontaba mucho. Eso es parte del discipulado. Eso es amonestar. Eso es rendir cuentas. Te hago responsable por la virtud. Tengo discípulos a mi cargo que me llaman durante la semana en intervalos establecidos para decirme si han cometido cierto pecado. Y hacen de eso durante la semana porque he establecido una rendición de cuentas con ellos, para hacerlos responsables para que no cometan ese pecado. Y algunos de ellos, han caído en patrones de hábitos tales que tienen que llamarme cada dos días para reportarse, porque demando eso de ellos.

Quiero orar por ustedes y quiero ayudarles a superar este pecado. Esto que está en tu vida. Y la única manera en la que yo conozco que se puede hacer de eso, es hacerte responsable por decirme cada vez que lo haces. De tal manera que cada dos días, me hables y me digas si has cometido ese pecado. E invariablemente, no quieren tener que decirme. Y entonces, esa rendición de cuentas se convierte en un freno. Y si puedes seguir con ese patrón por la suficiente cantidad de tiempo, puedes romper algunos hábitos. Eso es rendición de cuentas y eso emana del amor. Amonestas.

Una relación de discipulado confronta el pecado de una manera amorosa. "Oye, ¿cómo lo haces?" Como dice Gálatas 6:1: "Vosotros que sois espirituales, ¿qué?, restaurad en amor, considerándote a ti mismo, no sea que tú también seas tentado". Lo haces con amor. Pero lo haces, amonestas.

Tercer factor en el discipulado. Este también es vital. Un discipulador eficaz, engendra. Un discipulador eficaz, advierte. En tercer lugar, un discipulador eficaz, ama. Y simplemente tomo esto del versículo 14, en donde él dice: "para amonestaros como a hijos míos amados".

Pablo, nosotros siempre pensamos de él, como ustedes saben, como esta mente grande, este gran pensador crítico, analítico. Este intelecto masivo. Pero él tuvo un corazón de compasión tremendo. Él fue gentil, él fue manso. Él tuvo un espíritu que se preocupaba y se manifiesta en la manera en la que él amaba. Él amaba profundamente y amaba sin titubeo y amaba sacrificialmente. Y él le dice a estos corintios: "mis hijos amados". Y al hacerlo, él abre una pequeña ventana en sus sentimientos hacia ellos. Y dice: "Te amo". Y permítame decirle algo jóvenes, nunca discipularán eficazmente a alguien a quien no aman, porque es el amor que ustedes les muestran lo que los amarra a ustedes. Esa es la atracción en la relación. Ese es el elemento de vínculo: conforme demuestras tu amor a ellos, se aferran a ti porque el amor es lo más grande de todas las cosas que jamás experimentarás.

¿Qué quieres decir con amor? ¿Quieres decir sentimientos? No solo eso. Básicamente, quiero decir sacrificio. ¿Cómo es que alguien sabe que los amas? Cuando te sacrificas por ellos. Si dices: "Oye, te quiero discipular, realmente quiero hacerlo". Y después, te dicen:

"¿Podríamos reunirnos? Tengo una verdadera carga. ¿Podríamos reunirnos y orar?" "Oh, no puedo. Pues déjame ver, hombre, ¿está bien el próximo martes a las 4?" El mensaje que les acabas de dar es: "Mira, quiero discipularte, es un deber que me gustaría cumplir, pero realmente no estoy muy preocupado, para ser honesto, por ti". Le estás dando señales fuertes a esa persona de que no la amas, y el amor es el vínculo que mantiene unida la relación.

La manera en la que demuestras ese amor no es al sentir algún tipo de sentimiento cálido, no al tomarlos de la mano y mover la mano de arriba hacia abajo y cantar canciones. La manera en la que demuestras ese amor es cuánto sacrificas por esa persona. ¿Qué estás sacrificando por esa persona? Es el mensaje que les está dando. Si la persona sabe que lo tienes en tu corazón al punto en el que sacrifica las cosas en tus planes por ellos, ahí va a estar la esencia del amor que va a hacer que la relación se mantenga fuerte, unida.

Es muy simple. Jesús en Juan 13 lavó los pies de los discípulos, luego Él les dijo: "Por esto todos los hombres conocerán que sois mis discípulos, si os amáis unos a otros". ¿Cómo se van a amar unos a otros? "Así como yo os he amado". ¿Cómo los amó Él? Al lavar sus pies sucios. Eso no es lo que Él quería, esa fue la necesidad de ellos. Y cuando tú haces a un lado lo que a ti te gustaría a cambio de las necesidades de alguien más, les das señales de amor, de amor bíblico, de amor espiritual que mantiene unida la relación.

Entonces, discipulado significa engendrar, significa amonestar y significa amar, lo cual significa sacrificarme a mí mismo por ti. Y yo creo que algunos de ustedes, porque es típico en cualquier grupo de personas cristianas, van a vivir la mayor parte de su vida sin hacer a un lado jamás, alguna cosa significativa en su vida por causa de alguien más. Lo van hacer, quizás, cuando lo aprendan de manera dolorosa y van a terminar despertando al hecho de que nadie queda en su círculo de amigos. No tienen ninguna relación que tenga alguna profundidad en absoluto, porque no están rindiendo nada para hacer de esas relaciones lo que Dios quiera que sean.

Número cuatro, el cuarto elemento en el discipulado eficaz es establecer un ejemplo. Establecer un ejemplo. Es más importante lo que haces que lo que dices. Y sé que hay gente que dice: "¿Sabes una cosa? No sé si podría ser un buen discipulador, no conozco mucha teología; o no sé si podría ser un buen discipulador, porque no estoy seguro de cuáles son los principios del discipulado". Ese no es el punto. El punto en el discipular a alguien es venir a su lado y modelar una vida de virtud. Lo que digas o no digas ciertamente puede estar fortalecido con tu eficacia como comunicador.

Pero el punto que importa aquí es el ejemplo. Observe en el versículo 16. Pablo dice: "Por tanto os ruego que me imitéis", hagan que su vida sea como la mía, eso es lo que un discipulador tiene que decir. Quiero que seas como yo. ¿Acaso esto coloca alguna presión sobre ti? Digo, si estás discipulando a alguien y le dices "sé como yo". Ahora, eso debería presionarte de alguna manera, ¿no es cierto? ¿Esperas que ellos tengan una vida de oración? Entonces, más vale que tengas una. ¿Esperas que tengan un tiempo con la Palabra de Dios? Más vale que

01_Aprendiendo la vida cristiana

tengas uno. Si esperas que amen al Señor con todo su corazón, entonces más vale que hagas eso. Si esperas que sean cristianos sacrificiales, entonces más vale que seas uno, porque eso es exactamente lo que van a imitar. El nivel del patrón de tu propia vida.

Como puedes ver, una verdadera relación de discipulado es lo suficientemente íntima como para que eso se manifieste. Es lo suficientemente íntima como para que eso se manifieste. Y francamente, jóvenes, probablemente en este momento, en los cuatro años que están aquí en el Master's College, están en el lugar de preparación más grande posible sobre la faz de la Tierra como para aprender el proceso de discipulado, porque no habrá otra ocasión en sus vidas en las que probablemente vivirán en un ambiente de comunidad como este.

Una vez que salgan de aquí, se casen con alguien, van a vivir en su pequeña esfera de vida, en su pequeña calle y será el final de la comunidad íntima para ustedes. Y a partir de ahí, prácticamente podrán aislarse a las tres, cuatro o cinco personas que vivan en su casa. Pero mientras que están aquí, lo que ustedes son tiene un impacto en todo el dormitorio universitario, ¿no es cierto? El impacto, el impacto potencial para el proceso de discipulado aquí podría ser el más grande que jamás habrá en tu vida, a menos de que termines tu carrera en un submarino o algo así.

Esa es una de las cosas buenas de los deportes. Los deportes hacen que la gente esté junta en una competencia deportiva. Sea lo que seas por dentro, sale gritando, y todo el mundo lo ve. Y ahí, todo es transparente y visible. Y las relaciones verdaderas nacen y son construidas. Esa es la fortaleza de esto. Esa es la razón por la que miro hacia atrás, en los conflictos del deporte, y veo que establecí vínculos con personas que voy a tener con ellos durante la vida entera, aunque no los vuelva a ver, porque conozco las profundidades de sus emociones y sentimientos y actitudes, porque todo eso salió en el conflicto artificial de la competencia.

Entonces, ustedes tienen una oportunidad tremenda aquí de vivir una vida ejemplar e impactar y afectar probablemente al rango más amplio de personas que jamás impactarán. Y se lo voy a decir de manera muy personal, por su ejemplo aquí probablemente influencien a más personas de lo que yo puedo por mi ejemplo. Yo, primordialmente, soy una voz y vivo en una casa con una familia y puede impactarlos con lo que mi vida es, pero no vivo en un dormitorio universitario. Y el potencial para un impacto uno a uno de una vida ejemplar es grande; y ese es el corazón y el alma del proceso de discipulado.

Entonces, Pablo dice 'imítenme' y eso es lo que un discipulador tiene que decir. 'Imítenme.' Me han visto en la mañana, me han visto en la noche, me ven todo el día, ven mis reacciones a la dificultad, ven mis reacciones a las cosas buenas. Ven cómo uso mi tiempo, cómo uso mi dinero, cómo uso mis ojos, mis oídos, todo, mi cuerpo. Ahí está todo para que lo vean.

El versículo 17 y en adelante dice lo mismo, "por esto mismo", esta es la razón por la que quiero que me imiten, "os he enviado a Timoteo que es mi hijo amado y fiel en el Señor, el cual os recordará mi proceder en Cristo". Pablo está diciendo: me he reproducido a mí mismo en Timoteo y debido que quiero que sean como yo, lo estoy enviando a él, porque él ya es como yo.

Entonces, es cuestión de establecer un ejemplo. Y saben una cosa, lo divertido del discipulado es reproducirte a ti mismo. Y sabes una cosa, te sientas y de pronto, ves a esta persona en quien has invertido tu vida y viene y, simplemente, casi te quieres reír. He tenido esta experiencia, porque él simplemente, él está repitiéndote todo lo que le has mostrado. Nada más que él cree que lo ha descubierto todo.

Y tú sabes, él está diciendo: "Hombre, tú sabes lo que pienso acerca de esto…" Y simplemente, te estás riendo, porque así es exactamente como tú ves las cosas. Y él te presenta todas sus preocupaciones y todas sus pasiones; y simplemente, te estás riendo porque sabes de dónde las obtuvo. Ese es el gozo del proceso de reproducción. Estableces el ejemplo. Deja que la gente se acerque a ti y vea y aprenda cómo vives, cómo piensas, cómo reaccionas; y establece el ejemplo. Pablo dice: quiero que me imiten y por eso estoy enviando a Timoteo, quien me imita y ustedes pueden imitarlo a él y de este modo, imitarme a mí.

Número cinco, un discipulador eficaz, enseña. Él engendra, él advierte, él ama, él establece un ejemplo. Él enseña. Pablo al final del versículo 17 dice: "de la manera en la que enseño en todas partes y en todas las iglesias." Entonces, él dice: "quiero que sigan mi patrón, quiero que sigan mi patrón como lo ejemplifica Timoteo. Él les va a recordar mi proceder en Cristo. Él les va mostrar cómo he vivido". Y aunque es la misma manera en la que me conduzco y enseño en todos lados, entonces, ahí hay otro componente del discipulado. Ahí está la enseñanza.

Dices: "¿Qué hago en este proceso?" Durante años y años, he discipulado a hombres al llevarlos a lo largo de los libros de la Biblia, al enseñarles las cosas de la Biblia. Al enseñarles teología. Al enseñarles todo tipo de cosas. Eso es parte del trabajo. También he recomendado muchos libros que me encantan y muchos libros que creo que son importantes. Y los animo a leerlos y les doy instrucción en áreas de desarrollo cristiano, la verdad bíblica, doctrina y demás. Eso es parte del trabajo. Les das principios y les das preceptos.

Algunos de ustedes estuvieron en la iglesia ayer en la mañana, ¿notaron lo que dije conforme estaba presentando el mensaje? Los principios pueden llegar hasta cierto punto. La enseñanza únicamente puede llegar hasta cierto punto. Y he hecho esta distinción. Es una distinción buena que debes mantener en mente. "La enseñanza me dice lo que tengo que hacer, la enseñanza me muestra mi deber. El ejemplo me prueba que es posible". Eso es bueno. Eso es alentador porque si lo único que tuviera fueran principios, principios, principios, principios y viera mi propia vida y dijera 'no lo puedo hacer, no lo puedo cumplir', entonces, le muestras a alguien quién es y le dices: 'Oye, no solo este es mi deber, sino que es posible'. Entonces, enseñas los principios, enseñas los preceptos. Le das a la gente la Palabra de Dios, le das buen material, buenos libros que leer, lo que quieras darles en el proceso del discipulado y después, en tu ejemplo le muestras que responder a esos principios es posible. Es posible.

Y después, el último principio, número seis. Y simplemente digamos que él disciplina. Él disciplina. El discipulador disciplina o ella disciplina, cualquiera de los dos. Noten en el versículo 18: "Mas algunos están envanecidos como si yo nunca hubiese de ir a vosotros". Pablo dice, algunos de ustedes, he invertido mi vida en ustedes y no creen que voy a regresar a Corinto. Entonces, simplemente están ahí haciendo lo que quieren y están orgullosos por ello.

"Pero", versículo 19, "pero iré pronto a vosotros". "Iré pronto a vosotros, si el Señor quiere, y conoceré, no las palabras, sino el poder de los que andan envanecidos". Voy a venir y voy a descubrir si nada más están hablando o si realmente tienen alguna influencia. "Porque el Reino de Dios no consiste en palabras sino en poder. Entonces, ¿qué desean?" Observe esto, versículo 21: "¿Qué queréis? ¿Iré a vosotros con vara o con amor y espíritu de mansedumbre?"

¿Que está diciendo? Él está diciendo: aun cuando estemos separados en esa relación de discipulado, aun cuando nos hemos separado, voy a regresar a ustedes y si creen que pueden salirse con la suya, están equivocados, porque voy a confrontarlos y voy a confrontar su arrogancia y voy a descubrir si realmente tienen la influencia que dicen tener.

Entonces, él está diciendo más vale que corrijan su vida para que cuando yo llegue a ustedes no tenga que venir con una vara, porque si las cosas están bien entre el Señor y ustedes, puedo venir con un espíritu de amor y mansedumbre.

Ahora, lo que quiero que vean en este punto es esto: en un sentido nunca pierdes al discípulo. La gente me dice: "¿Por cuánto tiempo discipulas a alguien antes de que los dejes?" Permíteme decirte algo. Una vez que has discipulado a alguien eficazmente, nunca lo dejas por el resto de tu vida. Discipulé a un hombre durante tres años. Invertí mi vida en ese hombre. Nos separamos porque él se mudó a otra área. Escuché de él que estaba involucrado en cosas pecaminosas, básicamente yo apliqué Primera de Corintios, lo busqué, lo confronté, lo discipliné, fui con una vara en esa situación y le dije: "El hecho de que no te vea no es que no pienso en ti, tenemos una relación y quiero confrontar este pecado que hay en tu vida". Y lo llamé de regreso al arrepentimiento. Eso también es parte del discipulado. Eso también es parte.

Ahora, quizás no has podido darle seguimiento a toda persona que has influenciado, pero la necesidad de darle seguimiento existe. Y entonces, él les dice a los corintios: "Oigan, voy a venir. Voy a venir a verlos". Y él escribe una carta. Y espero que cuando llegue ahí, descubra que me pueden recibir en amor y mansedumbre en lugar de que me reciban con una vara.

Ahora, ¿cómo discipulamos entonces? Engendra, advierte, ama, establece un ejemplo, enseña y disciplina cuando la disciplina es necesaria. Eso realmente, de manera simple, es lo que constituye el discipulado. Y realmente eso es lo que esperamos y oramos que todos nosotros estemos haciendo con nuestras vidas. Y claro que mi oración es que estén haciendo esto y que conozcan el gozo de ese tipo de vínculo que resulta.

Puedo llevar esto a una conclusión rápidamente y dejarlos salir. Y es esta. La persona más cercana en la vida de Pablo ¿quién fue?

Timoteo. El amigo más cercano que tuvo. ¿Y por qué? Porque él hizo la mayor inversión de discipulado en su vida. ¿Quieres un amigo de por vida? Ahí es donde lo encuentras. Y permítanme sugerirles que ese es el vínculo que inclusive va a mantener a un hombre y a una mujer juntos cuando ven el desafío de discipularse el uno al otro a la semejanza de Cristo. Oremos.

Padre, gracias por nuestro tiempo el día de hoy. ¡Qué buen tiempo hemos disfrutado! ¡Qué tiempo tan refrescante! Te damos gracias por todo lo que estás haciendo en nuestras vidas y en nuestra universidad y oramos porque seamos eficaces al reproducir la vida misma de Cristo en aquellos que nos rodean. Danos a alguien a quien podamos alimentar en la fe, en quien podamos invertir nuestra vida para tu gloria y no para la nuestra. Sino para la tuya, para que puedan ser eficaces al exaltar tu nombre y es en ese mismo nombre, en el nombre de Cristo que oramos. Amén. Que Dios los bendiga, que tengan buen día.

02_Creciendo en tu fortaleza en Cristo

Quiero tomar tan solo unos cuantos minutos y llevarlos, si me permiten, a 2 Timoteo capítulo 2. Segunda de Timoteo, como probablemente saben, fue la última carta que el apóstol Pablo escribió. La última carta inspirada que él escribió. En el momento en el que escribió esto, él era un prisionero. No pasó mucho tiempo después de esta carta que él tuvo que entregar su vida. De hecho, hasta donde podemos saber, su cabeza fue cortada y entró a la presencia del Señor.

Entonces, esta es su última carta y la escribe a Timoteo, quien tiene unos 30 años menos que él y quien, en términos relativos, es un joven. Y en un sentido, está trasmitiendo su responsabilidad espiritual a Timoteo. Pablo había fundado todas las iglesias, como ustedes saben. Él había ministrado la Palabra de Dios. Él tuvo un ministerio evangelístico tremendo, él había sido responsable por impartir y formular la doctrina para el cimiento de la Iglesia venidera.

Y ahora, él quiere entregarle la estafeta, por así decirlo, a otro hombre. Él se va. Él está por irse y recibir su recompensa. El tiempo de su partida se ha acercado. Él está listo para ver al Señor, pero se quiere asegurar de que alguien vaya a continuar con el trabajo. Y el hombre clave es Timoteo. Entonces, es muy importante para Pablo asegurarse de que Timoteo está listo para la responsabilidad.

Observen el versículo 1 del capítulo 2. Este, básicamente, es el enfoque general que él quiere enseñar. "Tú pues, hijo mío, esfuérzate en la gracia que es en Cristo Jesús". Pablo ya ha experimentado lo que Timoteo está por experimentar. Y Pablo sabe que va a demandar gran fortaleza espiritual. El poder sobrevivir para ser eficaz. Y entonces, él escribe esta última carta alentando a Timoteo a que sea fuerte.

Ahora, ¿por qué dice esto? Bueno, para ser muy honesto con ustedes, parecía que Timoteo no era muy fuerte en este punto en particular de su vida. Ahí atrás en el capítulo 1, él dice en el versículo 5: "trayendo a la memoria la fe no fingida que hay en ti, la cual habitó primero en tu abuela Loida, y en tu madre Eunice, y estoy seguro que en ti también". Él dice: sé que eres salvo, sé que eres creyente, sé que tienes una fe real en Jesucristo, estoy agradecido por eso, pero, versículo 6: "te aconsejo que avives el fuego del don de Dios que está en ti". ¿Qué es eso? El don para el ministerio, para predicar, enseñar guiar a la Iglesia, hacer la obra de evangelista, todo lo que Dios le había dado a Timoteo que hiciera.

Aparentemente, Pablo está diciendo, sé que tu fe es real, pero tu don en cierta manera se ha debilitado. El fuego de tu pasión se ha apagado y quiero que lo avives. En el versículo 7, él dice: "Porque no nos ha dado Dios espíritu de cobardía, sino de poder, de amor y de dominio propio".

Esto nos lleva a creer que no solo Timoteo, en cierta manera, había descuidado sus dones y no los había usado demasiado, sino que él inclusive era un poco tímido, cobarde. Sabemos que él había enfrentado a algunos filósofos estaban enseñando filosofías algo complejas. Y que se había encontrado con líderes muy, muy fuertes en la Iglesia en Éfeso, en donde él estaba cuando recibió esta carta. Él estaba tratando de enfrentar los problemas en la Iglesia, de deshacerse de los líderes malos, meter a líderes buenos; y en el proceso de hacer eso, enfrentó mucha oposición. Y en el medio de toda esa oposición, él pudo haberse acobardado un poco, haber sido algo tímido por forzar el asunto.

Entonces, aquí hay un hombre que tiene una fe sincera, pero que está descuidando su don. No lo está usando bien. Está perdiendo la valentía que él tuvo en el pasado en la causa de Cristo. Y él profundiza en el versículo 8. Dice: "no te avergüences del testimonio de nuestro Señor". Podría ser que Timoteo inclusive había manifestado vergüenza hacia Cristo. Que él se había avergonzado de hablar por Cristo, avergonzado inclusive de representar a Cristo. Y conforme vemos a este joven, comenzamos a preguntarnos si es el tipo de persona a quien quieres entregar la estafeta, ¿verdad? Es sorprendente que Pablo le dijo: sé fuerte. Ahí en el versículo 13, él le dice: "Retén la forma de las sanas palabras que de mí oíste". ¿Qué está diciendo? Aférrate a tu teología. Aférrate a tu doctrina.

Versículo 14: "Guarda el buen depósito por el Espíritu Santo que mora en nosotros". Y el buen depósito o el tesoro, era la Palabra de Dios que había venido a Timoteo. Todo lo que hasta ahora había sido revelado, se le había entregado como un tesoro. Entonces, él nos está diciendo, como ustedes saben, aquí hay un hombre que supuestamente debe continuar con el ministerio de Pablo, el cristiano más grande, claro, fuera del Señor, que jamás vivió.

Timoteo debe continuar. No está usando su don como debiera. Es un poco tímido y le falta valentía y denuedo. Pudo haber estado avergonzado en un par de ocasiones de Cristo y de identificarse con Pablo. A él se le tiene que decir que tiene que aferrarse a la teología sana y guardar el tesoro. Es muy posible que estemos viendo a Timoteo en un punto muy, muy débil de su vida. Un punto muy débil. Él está enfrentando la persecución desde afuera del mundo. Y está enfrentando aflicción en el interior, ya que a la gente en la iglesia no le gusta lo que está tratando de hacer.

En la segunda carta que le escribió a Timoteo, él le dijo: "Huye de las pasiones juveniles". Timoteo estaba luchando con las pasiones que ocupan la mente de un joven. Y probablemente, se está diciendo a sí mismo: ¿Quién soy yo para estar en el ministerio cuando estoy luchando con la pasión de mi propio corazón? Además, él dijo: Timoteo, el siervo del Señor no debe ser contencioso y pelear. Y Timoteo probablemente estuvo en algunas reuniones con líderes en la Iglesia y se peleó y perdió algo de su credibilidad. Él realmente estaba luchando.

Entonces, Pablo le dice: Mira, sé fuerte. Ahora, ya han oído ese mensaje. Aquellos de ustedes que han estado en alguna iglesia o han ido a un campamento, han oído a un líder de campamento ponerse de pie y decir: Ahora, realmente ustedes necesitan dedicar su vida al Señor. Necesitan volver a comprometerse en su vida. Todos hemos enfrentado esto. Todos hemos oído ese tipo de mensajes motivacionales acerca del compromiso, dedicación, consagración, re-consagración y todo eso.

Pero, ¿entendemos lo que eso significa? Digo, ¿es suficiente decir: "Timoteo, sé fuerte"? ¿Qué vas a hacer? ¿Cómo hago eso?

Y saben una cosa, ustedes han oído sermones que en cierta manera son pláticas motivacionales y no hay nada muy concreto. Tú, en cierta manera, solo te vuelves sentimental. Me acuerdo estando en un campamento, solíamos aventar una vara ahí en la fogata y decir: "Quiero quemar mi vida antigua y dedicar mi vida a Cristo". Y los jóvenes se ponían de pie y lanzaban su vara al fuego. Me acuerdo de un joven que pasó, se quitó su reloj y estaba muy sentimental. Y dijo: "Quiero dedicar mi tiempo al Señor". Y él tiró su reloj al fuego. Digo, eso es algo agradable, pero no es dedicación. Es mala administración. Rescata rápido ese reloj. Ustedes saben, no entreguen su tiempo al Señor al quemar su reloj.

Pero como ustedes saben, muchos de nosotros somos así. No sabemos lo que significa. Alguien dice: "Dedícate, comprométete con Cristo". No estamos seguros de lo que esto significa. Me acuerdo que estaba en la parte de atrás de Grace Community Church en una ocasión. Habían instalado unos altavoces nuevos. Y me pidieron si podía ir a la parte de atrás y escuchar al coro y ver si se oía mejor. Esto realmente pasó. Estamos en la parte sur de California en donde puedes esperar cualquier cosa.

Estaba en la parte de atrás y una señora entró. Y ella tenía un perrito raza poodle, o no sé si era un chihuahua, uno de esos pequeños perros que parecen una rata crecida demás. Entonces, ella vino con este chihuahua, este perro chihuahua. Y entró a la Iglesia. Lo traía con una correa. Estaba vestido de manera apropiada, traía un collar así como brillante. Se veía algo raro.

Ella entró por la parte de atrás. Nunca lo olvidaré. Y empezó a caminar por el pasillo del medio. Y el ujier, como ustedes se imaginarán, parpadeó dos veces. Se da cuenta de que tiene que detener a esta mujer. No puedes meter a un perro ahí a menos de que sea un perro para alguien no vidente. Ustedes saben. No admitimos perros en una Iglesia. Él caminó por el pasillo y la tomó del brazo y le dijo, nunca lo olvidaré, se puso de pie y le dijo: "Lo siento, señora, usted no puede entrar con el perro". Ella lo miró a los ojos, y esto es literal, ella dijo: "Oh, esto está bien, él acaba de re-dedicar su vida al Señor. Y vamos camino al cuarto del Señor". Ella estaba hablando en serio. Ahora, me doy cuenta de que su elevador no llegaba al piso de arriba, a ella le faltaban unos cuantos tabiques. Ustedes entienden. Entendemos eso. Pero yo simplemente estaba de pie y me quedé boquiabierto por lo que dijo. Ella no tenía idea de lo que estaba hablando. ¿Cómo que el perro acaba de re-dedicarse? Para empezar, ¿cómo sabes que realmente es salvo? No, no lo es. Pero ustedes entienden, la gente oye cosas y ni siquiera saben lo que significa. ¿Qué significa re dedicar tu vida? ¿Consagrar tu vida a Cristo? ¿Ser fuerte en el Señor?

¿Cuántas veces has ido a un campamento, o a una conferencia de jóvenes o algo así, a un servicio en la Iglesia y tienes deseos de dedicar tu vida otra vez o quieres hacer un compromiso fresco con el Señor y haces eso a nivel sentimental? Pero, ¿qué significa? ¿Qué es lo que realmente estás haciendo?

Bueno, necesitas más que un sermón motivacional. Un discurso motivacional te va a llevar hasta cierto punto. Me acuerdo cuando estuve en la Universidad, estábamos jugando fútbol americano contra otra escuela que deberíamos haberles ganado. Y estábamos ahí en los vestidores, abajo del estadio, a medio tiempo. El marcador era cero a cero. Y nuestro entrenador estaba muy enojado. Muy enfadado porque era un juego importante y no estábamos haciendo nada ahí afuera.

Entonces, él entró y nos dio uno de sus, ustedes saben, uno de esos famosos discursos. Y ahí atravesó un puño en el pizarrón. Era su pizarrón. Simplemente, lo atravesó. Y después, nunca lo olvidaré, había varias filas de vestidores ahí formados. Él arrojó a un lado un vestidor y cayeron uno tras otro como un dominó. Éramos el equipo visitante y estábamos aquí destrozando los vestidores del otro equipo. Él nos motivó. Los vestidores estaban debajo de las gradas, y yo sé que la gente que estaba sentada ahí durante el medio tiempo, oyó un trueno debajo de ellos, conforme todo esto estaba cayendo.

Y él nos dio esa charla motivacional típica. Digo, y funciona por un rato. Y si la puerta hubiera estado cerrada, nos habríamos matado el uno al otro tratando de salir de ahí. Y estábamos tan motivados que terminamos anotando 38 puntos en el tercer cuarto. Literalmente, aplastamos al equipo. Funciona por un rato.

Pero Pablo quiere hacer más que tan solo darte un discurso motivacional. Él quiere ser muy específico acerca de lo que significa ser fuerte en el Señor. Entonces, él nos da cuatro retratos. Veámoslos. Cuatro retratos fluyen de este texto que definen a un cristiano fuerte. Si vas a ser fuerte en el Señor, así es como debes verte. Versículo 2: "Lo que has oído de mí ante muchos testigos, esto encarga a hombres fieles que sean idóneos para enseñar también a otros".

El primer retrato que él quiere que tengas, es que eres un maestro. Eres un maestro. "Timoteo, has sido enseñado por mí. Debes enseñar a otros que puedan enseñar a otros". Un cristiano fuerte es alguien que aprende para enseñar. Si quieres saber si tu vida realmente está comprometida con Cristo, y a un nivel de dedicación, entonces hazte la siguiente pregunta: ¿Qué tan involucrado estoy en el proceso de aprender, para que pueda enseñarle a alguien para que ellos puedan enseñar a alguien?

Esa es una imagen espiritual que el cristiano lleva. Alguien te ha enseñado. Alguien en este momento te está enseñando. Hay gente que está invirtiendo su vida en ti con las cosas de Dios. ¿Qué estás haciendo con ellas? Un cristiano comprometido es un maestro. ¿Lo estás trasmitiendo, estás discipulando a alguien? ¿Los estás discipulando, les estás enseñando, los estás instruyendo para que ellos puedan instruir alguien más?

Hay cuatro generaciones en el versículo 2. Primera generación, Pablo; segunda generación, a Timoteo; tercera generación, a hombres fieles; cuarta generación, a otros también. Aquí hay un proceso. Un proceso. Tú estás en una carrera de relevos. La mejor manera de verlo es una carrera de relevos. Alguien te entregó el testigo y tú eres responsable de correr tu parte de la carrera y entregar ese testigo a alguien más.

Y todo comenzó con Jesús quien les entregó el testigo a los apóstoles. Las cosas que Jesús comenzó a hacer y a enseñar, se las transmitió a los apóstoles según Hechos 1:1. Los apóstoles se la entregaron a alguien. Alguien se la entregó a alguien, alguien se la entregó a alguien más y llegó a alguien y alguien te lo dio a ti. Alguien te está dando la verdad de Dios y estás en el mismo proceso de entregársela a alguien más.

Dices: "Bueno, no conozco mucho". Perfecto, encuentra a alguien que conoce menos que tú y cuéntale todo lo que conoces. Después, encuentra a alguien que conoce más y aprende todo lo que sabe. Métete en el proceso. ¿Sabes una cosa? Cuando yo estuve en la Universidad, corrí en el equipo de atletismo. Yo corrí en las carreras cortas de gran velocidad y estaba en algunas de las competencias de salto. Después, corrí la segunda parte en la carrera de relevos de una milla, la cual es una vuelta, 400 m. o una carrera de 440 yardas.

Y llegamos a la final de la competencia en Orange County. Ahí en la carrera de relevos de una milla. Y estábamos muy emocionados. Había unos cinco o seis equipos en esa final. Pensamos que teníamos una buena oportunidad de ganar. Teníamos a un hombre que era bastante bueno, yo corrí en segundo lugar. El primero es el que lleva la delantera, el segundo la pierde, tienes dos para reponerte. Ahí es donde me colocaron. Entonces, yo básicamente era un jugador de béisbol, pero también me metieron en carreras.

Entonces, llegamos a esa carrera. Teníamos a un hombre que realmente podía correr y pensamos que podíamos ganarla. Entonces, comenzó la carrera. Se oyó el disparo de salida y el primer hombre corrió muy bien. Hizo un gran trabajo con la parte que le tocaba. Llegó en primer lugar. Y resulta que me entregó el testigo de manera perfecta. Y conforme yo estaba dando mi último paso, saliendo ahí por los carriles, para que adquiriera velocidad, él todavía estaba corriendo muy bien. Recibí el testigo y salí muy bien el carril. Inclusive, lo puedo ver de manera vívida hoy en día. Y corrí la mejor carrera que jamás había corrido. Llegué en primer lugar con otra entrega perfecta de testigo. Se la entregué en la mano del tercer hombre, Ted. Y Ted salió y sabíamos que íbamos muy bien porque sabíamos que nuestro último hombre podía ganar.

Ted salió, dio la vuelta, salió por la recta y a la mitad de la recta, estábamos tan contentos, estábamos muy emocionados, él se detuvo. Salió caminando de la pista y se sentó en el césped. Yo pensé que se había roto un hueso o que se había lastimado un músculo. No sabía lo que había pasado, nunca lo olvidaré. Corrí por el césped, la carrera seguía, pero nosotros ya habíamos sido descalificados. Corrí por el césped, nunca lo olvidaré. Lo miré y le dije: "Ted, ¿qué paso?" Estas palabras incompresibles salieron de sus labios: "No sé, simplemente ya no me dieron ganas de correr". Eso es exactamente lo que dijo.

Su primera reacción fue quitarse el calzado y darle ¡guau!... ustedes saben. Tienes que estar bromeando. ¿Cómo que no te dieron ganas de correr? ¿Qué quieres decir? ¡Hay más en esto que tan solo tú, mi amigo! ¡Si no quieres correr, ve y corre en tu propia carrera, no en la nuestra!

El cuarto hombre quedó esperando, ahí parado de pie, preguntándose qué pasó. Hay mucha preparación para poder ganar. No estás aquí corriendo solo. Y miro atrás y me digo: 'Hombre, eso es realmente trágico'. Bueno, no es tan trágico como que alguien invierta la verdad espiritual en alguien que no la transmite a alguien más, ¿verdad? Tienes una responsabilidad tremenda.

Jesús dijo: "Al que mucho se le da, mucho se le demandará". ¿Y saben una cosa? Cuando yo fui alumno en el seminario, el Dr. Charles Feinberg era el director, él era un hombre judío brillante. De hecho, él estudió para ser rabino; y después, se convirtió a Jesucristo y comenzó a estudiar la Biblia por sí mismo. Él era tan brillante que sabía 35 idiomas. Recuerdo que, en dos semanas, aprendió holandés para poder leer teología holandesa. Simplemente, tenía una mente inmensa. Todos sus hijos tienen dos doctorados en filosofía, la genética en esa familia era increíble.

Pero, de cualquier manera, el Dr. Feinberg era el director de mi seminario. Y él era tan sabio en las Escrituras. Yo estaba tan asombrado de este hombre. Él se volvió mi maestro personal a lo largo del seminario. Tomé toda clase que él enseñaba y me rompí la cabeza por sacar una A en cada asignatura que dictaba, porque yo no podía imaginar que alguien pudiera sacar menos de una A en su clase y que él estuviera satisfecho con eso.

Y él me tomó del brazo a nivel particular. Él me llevó a su casa y me enseñó su biblioteca personal. Y como ustedes saben, algunas personas tienen libros de los rollos del Mar Muerto. Él tenía fotocopias, leía los rollos, no los libros acerca de los rollos. Y hacia sus devocionales en la Peshitta siríaco. Él estaba en otra dimensión.

Y le hicimos una pregunta simplemente para tratar de probarlo. Le dijimos: "¿Qué es lo que este versículo significa, 1 Reyes 4:6?" Ni siquiera sabíamos lo que decía 1 Reyes 4:6. Él lo pensó por un momento en hebreo y lo tradujo al inglés y después, lo explicó. Simplemente, así de increíble. El Dr. Louis Barry Chafer dijo que cuando se fue al seminario de Dallas y se graduó con su doctorado, él es el único hombre que cuando fue a Dallas sabía más cuando llegó ahí, que cuando se fue. No sé lo que esto quiere decir fuera del hecho de que debieron haberle quitado algo.

Él siguió después de que tuvo su doctorado en Dallas a la Universidad de Johns Hopkins en Baltimore, Maryland, en donde hizo un doctorado en filosofía bajo William Foxwell Albright, el arqueólogo más importante del mundo. Y ese es el tipo de hombre que él era.

Bueno, él decidió hacerme su discípulo personal. Y por alguna razón, creyó en mí. Y entonces, él me llevó a su oficina y me dijo: "Aquí hay un libro. Quiero que lo leas y me digas lo que piensas". El me daba sus libros y me llamaba y me hablaba y compartía conmigo. Y simplemente se aseguraba de que yo estuviera creciendo y aprendiendo. Él me estimulaba. Yo era su pequeño proyecto personal. Un día, se me acercó y me dijo: Estoy tan contento, John. Y dijo: Te has ganado la beca para este año. Y me agradeció por eso y yo pensé "Hombre, eso es maravilloso. No sabía eso". Al otro día, me llamó y me dijo: "¿Sabes una cosa?" Me dijo: "Nos equivocamos ayer cuando te dije eso. Tuvimos que revisar y no entregaste una tarea en una clase y no ganaste. Y estoy muy decepcionado de ti". Y yo pensé, uhhh, y simplemente, me derretí.

El segundo año en el seminario, teníamos que predicar cada año delante de toda la facultad. Se sentaban atrás de ti cuando predicabas. Y tenían hojas de papel y te evaluaban. Ustedes saben, en dónde están sus manos y cómo son sus gestos y todo eso. Su entonación, si se rasca la nariz cuando está predicando, si le pega al púlpito, si tiene una presencia poderosa, qué tipo de voz tiene, qué tan bueno es su bosquejo, si sus ilustraciones fueron buenas. Si interpretó de manera correcta el texto.

Entonces, están ahí sentados mientras que estás predicando marcando estas pequeñas casillas. Ustedes saben, y escribiendo diagramas de lo que deberías haber hecho y de cómo deberían haber sido tus gestos. Ustedes saben. Deberías haber dicho: "Dios ama al mundo entero". Debes decir el mundo entero, ustedes saben, todo este tipo de cosas. Y ahí estaban analizando todo eso. Y estaban ahí atrás. Bueno, a mí se me asignó predicar en mi segundo año y me puse de pie y tenía el pasaje que Feinberg me había asignado, 2 Samuel capítulo 7. Y tenía que hacer una exposición bíblica de eso y predicar un sermón. Y prediqué con todo mi corazón, conforme lo mejor de mi capacidad. Todos estos hombres habían llenado sus hojas de evaluación. Pero había una que realmente me preocupaba. Nunca lo olvidaré. La lección más grande que jamás aprendí.

Salí por la puerta del seminario y ahí estaban todos de pie y te entregaban las hojas conforme salías. Y después, leías lo que ellos pensaron de tu sermón. Feinberg fue el último, me vio, no dijo una palabra y me entregó una hoja. No había ninguna marca. Nada había sido marcado. Ninguna línea, ningún comentario en los espacios. Y con tinta roja, a la mitad de la página: "No entendiste el punto entero del pasaje". Con signos de admiración.

Hay una cosa que no debes hacer cuando predicas y eso es no entender el punto entero del pasaje. Si puedes evitarlo a toda costa, es una buena idea. Particularmente, si tienes a un grupo de cerebros sentados ahí evaluándolo. Y como ustedes saben, él supo ese día que él me acababa de enseñar la lección más profunda en mi vida.

Si hay una cosa con la que lucho, inclusive en la actualidad en el ministerio, es asegurarme de que entienda correctamente el punto del pasaje. Este hombre hizo una inversión tremenda en mi vida. Cada vez que pienso en mi responsabilidad como un siervo de Cristo, pienso en ese hombre, porque ese hombre invirtió energía, horas, tiempo y oración en mí.

Y tengo una responsabilidad de trasmitirle esto a alguien más. Hay gente en esta escuela haciendo esa misma inversión en sus vidas. Hay una madre, un padre, un pastor, un pastor de jóvenes y muchas personas que han invertido la verdad en ustedes. Ustedes tienen una responsabilidad de ponerse de pie y ser fieles a esa verdad y transmitirla a la siguiente generación, ¿verdad? Eso es ser un maestro.

El segundo retrato que da es un soldado. Observen el versículo 3. "Tú, pues, sufre penalidades como buen soldado de Jesucristo". Literalmente, sufre penalidades junto conmigo. Pablo está diciendo, 'todos lo hacemos, yo también estoy sufriendo, tienes que sufrir junto conmigo, porque eso es ser un soldado'.

Después, en el versículo 4, dice: "Ninguno que milita se enreda en los negocios de la vida a fin de agradar a aquel que lo tomó por soldado". Hay tres cosas acerca de un soldado. Número uno, un soldado sufre penalidades. Número dos, un soldado no se desenreda de los asuntos de la vida civil. Y número tres, él hace lo que le agrada a su comandante.

Ahora, eres un soldado. Si eres un hijo de Dios, si eres un creyente y si quieres ser fuerte en el Señor, entonces necesita verte como un soldado. Y un soldado está hecho para la batalla. Un soldado está hecho para la lucha. Los soldados son preparados para la dificultad. Puedes decir: 'Bueno, tú sabes, la vida cristiana es difícil'. Para eso fuiste diseñado. Esa es la razón por la que tienes el Espíritu Santo. Esa es la razón por la que tienes la armadura de Dios disponible para ti. Efesios, capítulo 6. Esa es la razón por la que tienes a Cristo como tu sumo sacerdote intercediendo por ti porque no luchas contra, ¿qué?, sangre y carne.

Nunca olvidaré, después de un par de años en Grace Community Church, cuando me encontré a la primera persona poseída por demonios en la iglesia. Era una mujer y ella me pateó en las espinillas hasta que mis canillas sangraron, porque yo no podía controlarla. Así de fuerte era bajo la influencia de esos demonios. Ella le había arrojado un escritorio a uno de los hombres de nuestra iglesia. Cuando entré a la habitación, esta voz salió de ella y dijo: "Sáquenlo, sáquenlo, él no. Sáquenlo". Mi primera reacción fue: "Adiós. Ya me voy, no necesito esto".

Mi segunda reacción fue: "Hombre, los demonios saben quién soy y ellos saben de qué lado estoy y no les caigo bien. Esas son buenas noticias para mí". Esa fue una verdadera confirmación sobrenatural acerca de qué lado estoy yo. Y pasamos varias horas luchando con los demonios en esa mujer. Los demonios me conocían y sabían lo que yo creía. Y hubo un combate real. Por primera vez en mi vida me di cuenta de que la batalla espiritual era una realidad. Ahora, quizás no tengan que enfrentarlo así de vívido al confrontar las voces de demonios que saben quién eres tú. Pero estás involucrado en una batalla espiritual y la batalla espiritual demanda soldados. Y eso es lo que eres. No puedes esperar que sea fácil. Solo puedes esperar que sea una batalla. Y tienes que estar dispuesto a sufrir lo que enfrenta un soldado fiel.

Y vas a ser perseguido y vas a ser calumniado, y rechazado, y vas a ser objeto de burla y ser acusado. Pero eres un soldado y estás del otro lado del enemigo. Entonces, debes esperar que el enemigo te ataque. Simplemente, asegúrate de que tienes tu armadura puesta y de que estás dispuesto a sufrir por la causa de Cristo.

Como puedes ver, lo que debilitó a Timoteo no era que él no estuviera dispuesto a sufrir. No era que no estuviera dispuesto a sufrir. Cuando se puso difícil, él se volvió tímido. Cuando se puso difícil, él se avergonzó, en lugar de ser valiente por Cristo. Tienes que ser un soldado y lo primero acerca de un soldado es que está dispuesto a enfrentar la aflicción por el comandante cuyo nombre él lleva.

Lo segundo en el versículo 4 es que él no está involucrado en la vida civil. Cuando vas al ejército, este es un compromiso total, ¿no es cierto? Ellos no te dicen: 'Bueno, ahora que estás aquí en el ejército, ¿podrías estar aquí de vez en cuando? Nos gustaría que vinieras a la base lo más que puedas, sabemos que estás ocupado, pero preséntate de vez en cuando. Y, por cierto, ponte este uniforme de vez en cuando. ¿Te vas a alinear cuando te pidamos?' No, no, no.

Cuando estás en el ejército, se acabó. Te cortan el cabello, te dicen cómo vestirse, te dan de comer lo mismo que a los demás, te colocan en donde ellos quieren, ellos controlan tu vida de arriba hasta abajo. Así es con un soldado y así es con un cristiano. Cuando estás en el servicio de Jesucristo, es un compromiso total de por vida. Le sirves a Él. Te desenredas del resto del mundo. Tienes que verte de esa manera. Cuanto más clara sea esa visión, más fiel serás.

Lo tercero que él dice, y esto es muy importante, es que el soldado hace lo que hace para agradar al comandante, a fin de agradar a aquel que lo tomó como soldado.

Una de las lecciones más grandes que jamás aprenderás en tu vida es hacer todo para agradar al Señor. Se oye básico y es el factor controlador en la vida cristiana. David dijo: "A Jehová he puesto siempre delante de mí", Salmos 16:8, controlaba su vida. Solo hago lo que agrada a Dios. Y todo lo que hagáis, sea que comáis o bebáis, hacedlo todo para la gloria de Dios. Vivo mi vida de esa manera, eso controla todo lo que hago. Si me preocupa lo que la gente piensa, tengo problemas.

Pablo dice: Tengo en poco lo que la gente piense de mí, 1 Corintios 4. Tengo en poco lo que yo pienso de mí mismo. Estoy influenciado a mi favor, me preocupa seriamente lo que el Señor piensa de mí. Un reportero me dijo en una ocasión: ¿Para quién preparas tus sermones? Le dije: "Para el Señor". Para el Señor. A Él es a quien tengo que agradar. Eso está conscientemente en mi mente en mi servicio. ¿Estoy agradando al Señor?

Tuve una buena ilustración de eso cuando estaba en la universidad. En los días en los que estuve en la universidad, los alumnos de primer año no podían jugar en deportes recreativos. Y entonces, cuando eres alumno de primer año, tenías que esperar hasta tu temporada de segundo año. Fue mi temporada de segundo año en el fútbol americano y tuvimos nuestro primer juego. Fue nuestro partido de apertura. Y estábamos jugándolo en el Rose Bowl. Y estábamos jugando contra un equipo bastante bueno. En este momento, ni siquiera puedo acordarme quién era, para ser honesto con ustedes. Pero bueno, tuvimos un juego importante y llegué a mi primer equipo y estaba jugando como corredor en la parte de atrás, lo que llaman una combinación de un corredor y un receptor. Salimos, y en la primera jugada, llamada número 27, la cual es una jugada en donde había un equipo doble en el hombre de afuera y después, yo soy el hombre principal que está metiéndose por el agujero. Y mi trabajo, mi responsabilidad era sacar a la defensa.

No sé si saben, la defensa son hombres grandes, feos. Y entonces, cuando estaba sentado ahí, en cierta manera es como si todo hubiera entrado en cámara lenta. Lo llamaban la jugada 27. Y vi por allá, este es mi primer intento en un juego de fútbol americano a nivel universitario, y estoy viendo a este defensa y cuanto más lo miro, más grande se vuelve. Es como si alguien lo estuviera inflando. Él parece que está creciendo y creciendo. Y nunca olvidaré la situación porque se abrió el agujero y tuve que pasar por ahí, claro, no sabía qué hacer. Y tenía un poco de miedo y no quería terminar con mi carrera entera en este hombre. No sabía qué hacer. Y él tenía cierta reputación. Entonces, tan solo lo empuje un poquito y él me tiró y pasó por el agujero y perdimos unas ocho yardas. Había un gran montón de cuerpos por todos lados. No debías comenzar un juego así. Eso no es bueno. Regresé con mi equipo, pensé: 'Bueno, nadie se va a dar cuenta de lo que pasó, ¿verdad?' Más tarde en el juego, no sé, anotamos o alguien corrió 70 yardas o algo así y ganamos el juego. Y entonces pensé: 'Bueno, nadie se va a molestar con eso'.

El lunes fuimos al gimnasio para prepararnos para el entrenamiento y el letrero en el pizarrón decía repórtense en el cuarto de filmación. Y estaba a punto de tener mi primera experiencia con el cuarto de filmación. Entramos ahí y nos sentamos, estábamos algo emocionados porque ganamos nuestro primer juego. Y yo pensé: "Esa no la grabaron, porque es la primera gran jugada del juego y no lo tenían preparado, algunas veces pierden las dos primeras jugadas". Pero bueno, estaba en la primera parte de la grabación. Y la cámara estaba de mi lado en el campo, en nuestro lado. Y entonces, yo estaba ahí en perspectiva total. Simplemente, con panorama total. De manera panorámica. Y ahí, yo llego y ping, bank, wham, usted sabe. Sucedió lo que era obvio.

Entonces, el entrenador dice: "Paren el proyector. Repita eso". Después, estas famosas palabras: "Caballeros, vean a MacArthur". Eso es lo que él dijo. Y lo repitió cinco veces, retroceder y adelantar, cinco veces, cinco veces. Y la parte triste es que nunca mejoré. En las cinco veces, hice exactamente lo mismo. Fue la lección más grande que jamás aprendí. Salí de ahí tan humillado que el resto de mi carrera solo tenía un nombre en mente. No me importaba lo que las porristas pensaban, mi novia, mis papás. Solo me preocupaba un hombre que iba a enfrentar el lunes. Esa es una buena analogía espiritual.

Cuando sirves al Señor Jesucristo, Él es el comandante en jefe al que debes agradar. ¿Qué significa estar dedicado? Significa ser un maestro que transmite lo que aprende. Significa ser un soldado que está dispuesto a sufrir penalidades. Que está dispuesto a separarse del mundo y hacer todo lo que hace para agradar al comandante.

Tercer retrato. La tercera ilustración en el versículo 5 está relacionada con la analogía que acabo de dar. "Y también el que lucha como atleta, no es coronado sino lucha legítimamente". El tercer retrato es que eres un atleta. Tienes que verte a ti mismo como un atleta. Hay un par de cosas acerca de un atleta. El verbo *athleo* implica esfuerzo.

Implica que haces un máximo esfuerzo. Russ Hodge, quien solía estar aquí en el personal, era un campeón mundial en el decatlón. Uno de los más grandes deportistas en la historia del mundo. Todavía tiene los cinco mejores títulos en la vida del decatlón. Y Russ fue un entrenador en el equipo de decatlón de Estados Unidos un año. Creo que fue en el año 1974. Estábamos allí en Eugene, Oregón, y estábamos de pie ahí en la pista de Eugene, porque era la competencia más grande del decatlón en la historia del mundo. Rusia, Polonia y Estados Unidos tenían a los mejores deportistas de decatlón en el mundo. Todos estaban ahí. La idea era ver quién era el mejor en el mundo. El que tenía el récord mundial estaba ahí. El segundo, es el código que tienen, el tercero, el cuarto; todos ellos estaban ahí. Russ era el entrenador del equipo de Estados Unidos.

Estábamos de pie ahí y yo estaba mirando a todos estos hombres calentando. Un hombre enorme de Polonia, él debía ser un hombre de más de 2 m. de altura. Enorme. Y después estaba un gran ruso, quien en ese entonces era quien tenía el récord mundial. Había un par de deportistas de Estados Unidos muy buenos. Y yo le pregunté a Russ quién era el mejor atleta ahí. Y él apuntó a un hombre quien realmente ama a Cristo, quien es un buen, buen hombre y un amigo. Él inclusive visitó nuestra universidad, llamado Freddie Dickson. Él dijo: "Freddie Dickson es el atleta más grande en el mundo". Y yo le pregunté quién iba a ganar. Y él dijo: "¿Ves allá a ese hombre de estatura baja de quien nunca has oído hablar? Él es el que va a ganar.

Y yo le dije: "¿Cómo es que él va ganar si no es el atleta más grande en el mundo?" Y él dijo: "Porque él es el competidor con la mayor fortaleza mental que jamás he visto en mi vida. Él no va a perder, él se rehúsa a perder. Y si necesita hacerlo cinco veces en su vida, lo va a hacer. Porque así de fuerte es a nivel mental".

Y así fue, al final del segundo día, ya al atardecer, cuando están corriendo la carrera a distancia, él llegó con lo mejor que había hecho en su vida. Fue la cuarta o quinta vez que había ganado con un récord ese día. Dos años más tarde, el mundo entero sabía de él, porque ganó el oro en Montreal, su nombre es Bruce Jenner. Y él lo ganó, porque no quería perder.

Hay algo que debe ser dicho en eso, no solo en el deporte sino en la vida. Y eso es lo que un atleta hace. Él tiene ese compromiso mental con ganar. Con frecuencia, he dicho que la mayoría de los cristianos que realmente no alcanzan su potencial espiritual, no lo alcanzan porque no les importa alcanzarlo. No están muy interesados. Es indiferencia. Y algunas veces, es indiferencia lo que separa a los ganadores de los perdedores. No capacidad. Desde un punto de vista espiritual, necesitas tener el deseo de ganar. Y no hay nada de malo con querer ganar. El Señor dice corre para que ganes. Corre para que obtengas el premio. Eso es lo que hace un atleta. No hay honor alguno en perder. Tú no le dices a un atleta cuando gana una carrera: 'Oh, eres tan egoísta. ¿Por qué no dejas que alguien más gane?' Si el hombre desperdicia la carrera, es un vago. No. El máximo esfuerzo es honrado.

Lo segundo que él dice, lo hace para ganar el premio. Y lo hace legítimamente, esto es según las reglas. Si vas a ser un atleta, tienes que guardar las reglas. Aprendimos eso, no es cierto, con Ben Johnson. ¡Qué tragedia! Ben Johnson corrió los 100 m. en las Olimpiadas, estableció el récord mundial y ganó el oro. Pero hizo trampa. Él hizo trampa. Hubo un hombre, en la Olimpiada anterior, quien ganó con la lucha esgrima y él hizo trampa. Él alteró el tablero electrónico para que pudiera registrar golpes que nunca sucedieron y le quitaron su medalla de oro. Tienes que hacer las cosas según las reglas.

No puedes estar corriendo la carrera y decir: "Creo que es más fácil si tan solo corto por aquí, por la parte de adentro, y acorto esto". No. No puedes hacer eso. Y ni siquiera puedes salirte de tu propio carril. Pablo dice: "Habiendo hecho todo, estén firmes. Guarden las reglas". Cuando se disipa el humo, lo has hecho a la manera de Dios. Eres un atleta, demanda esfuerzo máximo, demanda un deseo por ganar el premio, de ser lo mejor que puedes ser y tienes que guardar las reglas. No seas descalificado. Pablo dice: "Mi temor más grande es que al alcanzar a otros, yo mismo sea descalificado". Eres un atleta.

Cuarto retrato, el último. Versículo 6: "El labrador, para participar de los frutos, debe trabajar primero". Tienes que verte como un granjero. ¿Qué hace un granjero? Él planta y cosecha y prueba la siembra. Una de las cosas más maravillosas acerca de la vida cristiana es plantar. ¿No es cierto? Sembrar la semilla y probar el resultado. Es tremendo. Lo que más me emociona del Master's College, ¿sabe lo que es? Ver el fruto de la labor en las personas comenzando a mostrarse en las vidas de ustedes, jóvenes. Esto es emocionante para mí. Eso es probar el fruto. Es lo mejor de estar en el ministerio. Eso es emocionante. Y podría darles docenas de ilustraciones de lo que es probar el fruto del poder de Dios en la vida de una persona. Es fenomenal. Historias, anécdota, tras anécdota, tras anécdota de vidas transformadas.

Me acuerdo cuando bauticé a una de las principales personalidades de la pornografía en Hollywood después de que él profesó su fe en Jesucristo. Tienes que saber que eso es algo emocionante. Me acuerdo cuando bauticé al líder de los Ángeles Infernales de Houston. Él tenía tatuajes por todos lados. Pero había sido redimido. Su vocabulario todavía no estaba preparado para el testimonio público y conforme él estaba compartiendo cómo el Señor había cambiado su vida, causó que las damas de edad se despeinaran al oírlo. Fue una tarde muy interesante.

Él dijo también: "¿Saben una cosa? La última vez que estuve en la iglesia, entré por el pasillo del medio con mi motocicleta, arrojé una cuerda al pastor, lo arrastré y lo saqué por las escaleras hasta la calle". Y yo pensé: "Gracias al Señor, gracias al Señor", usted sabe.

Pero digo, es sorprendente ver el fruto del ministerio. Es emocionante ver eso. Y tienes que verte a ti mismo como un granjero. ¿Qué hace un granjero? Siembra la semilla. Siembra la semilla. Siembra la semilla. Espera pacientemente y después, prueba la cosecha.

Jóvenes, ¿qué es un cristiano dedicado? Un cristiano dedicado es alguien quien enseña lo que él ha aprendido. Un cristiano dedicado es alguien que se ve a sí mismo como un soldado hecho para las dificultades, hecho para separarse del mundo y hecho para pelear, para agradar al comandante. Un cristiano dedicado es un atleta que corre conforme al máximo de su capacidad para ganar el premio que el Señor ha prometido y guarda las reglas. Y un cristiano fiel y dedicado es alguien que siembra la semilla porque él prueba el fruto, lo cual es el gozo más grande en la vida cristiana, ver lo que Dios hace en las vidas de otros.

No te enredes en ser egoísta. Entrega tu vida a otros y disfruta el sabor de eso cuando comienza a regresar y ves cómo Dios te usa para cambiar las vidas de otras personas. ¿Quieres ser fuerte en el Señor? Sé un maestro, soldado, atleta, granjero. Si puedes tener esas cuatro perspectivas, puedes ver la visión de lo que Dios quiere que seas.

Ahora, permítanme ayudarles en un paso más. Vamos a afinar todo eso, ¿muy bien? Tenemos cuatro retratos. Vamos a afinar el enfoque. Veamos un retrato. ¿Quién fue el maestro más grande que jamás caminó sobre la tierra? Jesucristo. ¿Quién es el soldado más grande,

02_Creciendo en tu fortaleza en Cristo

que peleó la batalla más grande, quien ganó la victoria más grande? Jesucristo. ¿Quién fue el atleta más grande, que corrió la carrera más pura, quien ganó el premio más grande y nunca rompió las reglas? Jesucristo. ¿Quién fue el verdadero sembrador de semillas, que realmente trae la cosecha y recibe a gloria definitiva por todo lo que es hecho en el corazón humano? Jesucristo.

¿Entiendes el punto? Entonces, ¿cómo quien debes ser? Jesucristo. Acuérdate de Jesucristo, Pablo le dice a Timoteo. ¿Por qué? Porque Él combina todos esos retratos. Ser como Él es el punto. Y esa es la razón por la que estamos aquí. Y eso es con lo que estamos comprometidos. Tratar de lograr eso por el poder de Dios en sus vidas.

03_Ejerciendo tu valentía

Permítanme compartir con ustedes esta mañana algo que estuvo en mi corazón unas semanas atrás en nuestra iglesia. Varios alumnos se me acercaron y dijeron: "Necesitas presentarnos eso como cuerpo estudiantil". Y quiero hacer esto. Creo que van a encontrar algunas cosas frescas en las que nunca antes han pensado en nuestra conversación en esta mañana.

La virtud más básica, fundamental de la masculinidad es de lo que quiero hablar. Quiero hablar de lo que constituye un verdadero hombre. Ahora, hablé con alguien. Algunas de ustedes, chicas, realmente están alertas ahora. Este es el hombre que están buscando. Voy a describirlo en esta mañana. Quiero hablar de la virtud básica de la masculinidad. Quiero hablar del rasgo que distingue la masculinidad de manera más clara. Quiero hablar de la característica solitaria que es el cimiento de la masculinidad. Y quiero expresarla en una palabra. Y después, quiero describirla.

Si fuera a encontrar una palabra, sería la palabra fortaleza. Mantengan eso en su mente. Es la palabra fortaleza. Ahora, si buscan eso en el diccionario, básicamente encontrarán que la palabra fortaleza está constituida por dos palabras. Valentía y fortaleza. La cualidad más fundamental distintiva, básica, de la masculinidad es la fortaleza o la combinación de valentía y fortaleza. Es la disposición, escuchen con atención, inclusive el deseo de arriesgarse. De tomar un desafío, de atacar la dificultad, de tener una aventura. De entrar a lo desconocido. De enfrentar una situación difícil.

Los hombres buscan eso. Y realmente creo que ese es un componente genético. Creo que Dios lo ha diseñado en los hombres para que sean los que enfrentan riesgos. Los que enfrentan el desafío. Son los que conquistan.

Por otro lado, aquello que es más genuino acerca de la femineidad es que busca lo opuesto. Seguridad. En cierta manera es así, el marido viene a casa y dice: "Mi amor, realmente, es emocionante. Dios nos ha llamado a la jungla. Vamos a una tribu que nunca ha oído la Palabra de Dios. Vamos a vivir en la jungla y vamos a entregar nuestras vidas".

Y ella está diciendo: "Eh-eh-eh-eh. ¿Oye, dónde viviremos? ¿Qué tipo de casa tendremos? ¿Quién cuidará de los niños? ¿Qué me pasará a mí cuando tu estés en la jungla?" Los pensamientos de ella instintivamente son: nada de riesgo, seguridad, protección, aislamiento, comodidades. Los pensamientos de él: aventura, desafío, enemigos, ataca, conquista. Ese es el espectro. Aquello que es lo más genuino acerca de la masculinidad es que es valiente. Es fuerte. Le encanta un riesgo y un desafío. Aquello que es lo más genuino o cierto acerca de la feminidad es que busca seguridad, protección, aislamiento. Tiene un instinto de seguridad. Eso es por diseño de Dios. Eso está incorporado en la constitución genética misma de los hombres y las mujeres.

Los grandes líderes siempre han tomado riesgos. Los grandes líderes, los grandes campeones, los grandes héroes de la historia humana son aquellos hombres que se juegan la vida por una gran causa. Son los grandes generales. Ganan grandes batallas. Son grandes soldados. En medio de la guerra, arriesgan su vida. Corren por el medio de campos minados. Capturan a cuarteles enemigos por sí mismos. Son los grandes misioneros como Stan Dale, quien finalmente se cayó después de que la quinceava flecha entró en su pecho. Pero no sino hasta ese momento.

Son los grandes científicos, que se aventuran en las áreas de gran riesgo. Los grandes desafíos para descubrir grandes cosas que pueden ayudar a la vida de la humanidad. Son los grandes hombres de negocios, empresarios, quienes inventan maneras increíbles de encontrar éxito. Son los grandes atletas que alcanzan grandes cosas porque les encanta el riesgo, les encanta el desafío. Si hay guerras, se aparecen en el campo de batalla. Si no hay guerras, tienen que aparecer en otro lugar. Quizás aparecen al escalar el monte Everest. Nadie necesita escalar el monte Everest. Ni siquiera hay un buen restaurante en la cima. No hay nada ahí. No hay razón alguna para ir ahí, fuera de lo que ya han visto. Pero, algunas personas hacen eso.

Y si no hay aventura y riesgo incorporado en la naturaleza de la cultura, suben a la cima de una roca, aun si están parapléjicos, porque hay algo en un hombre que lo hace querer ese riesgo. El hombre real, el hombre que es un hombre real es un hombre al que le encanta el riesgo. Un hombre a quien le encanta un desafío, que quiere abrir la brecha.

Ahora, con todo eso en mente, pasen a 1 Corintios capítulo 16. Pablo le escribe a los corintios, y esa Iglesia incluyó a hombres y mujeres, obviamente. Pero quiero que observe lo que él dice y después, quiero que me sigan para entender un principio muy interesante. Primera de Corintios 16:13, solo quiero tomar una frase de aquí. No tenemos tiempo para el resto. Una frase, primera de Corintios 16:13 dice esto a la mitad del versículo: "portaos," ¿qué? "Varonilmente". Portaos varonilmente.

Ahora, eso presenta una pregunta en mi mente tan pronto como lo leo. ¿Cuál es la pregunta? ¿Cómo nos portamos varonilmente? Todos debemos actuar como hombres, ¿cómo actúan los hombres? El verbo, permítanme decirles lo que el verbo significa en griego. El verbo significa conducirse de una manera valiente. Y es lo que llamamos una hapax legomenon, lo cual significa que es el único lugar en el Nuevo Testamento en el que aparece. Este verbo es usado solo una vez en el Nuevo Testamento. Significa conducirse de una manera valiente. Por lo tanto, conducirse de una manera valiente es actuar como un hombre. ¿Cómo actúan los hombres? Son valientes, toman riesgos. Les encanta el desafío. Son conquistadores. Abren brecha, les encanta, lo buscan, lo desean, lo anhelan.

Notarán que frase sigue a esa: esforzaos. Portaos varonilmente, y esforzaos. Entonces, ahí tienen la combinación de esas dos cosas. Portaos varonilmente. El verbo significa ser valiente, ser fuerte. Significa ser fuerte. Ahí tienen la valentía y la fortaleza que equivale a la fortaleza. Aquello que es lo más verdadero acerca de un hombre que es que tiene fortaleza.

Noten, si son tan amables, el versículo 14. Porque aquí está el equilibrio. "Todas vuestras cosas sean hechas," ¿qué? "Con amor". No puedes tener valentía y fortaleza sin un elemento de equilibrio. Y ese elemento de equilibrio es el amor. ¿Cómo actúan los hombres? Los hombres actúan con valentía. Los hombres actúan en fortaleza. Y a él se le debe recordar que lo debe hacer en amor. Los hombres no son débiles. Los hombres no vacilan. Los hombres no hacen concesiones. Los hombres no son derrotados. Los hombres no se deprimen, los hombres no son tímidos. A los hombres no les da miedo.

Cuando conoces a un hombre así, lo llamas un ¿qué? Un cobarde. Un cobarde. En inglés, hay una palabra que expresa la idea de cobarde. ¿Y saben de dónde se deriva esa palabra que expresa la idea de cobardía? Se deriva de una idea interesante. ¿Saben cómo los británicos llamaban a ese tipo de hombre? Un mojado. Mojado se traduciría.

No sé de dónde lo sacaron, pero lo llamaban un mojado. Y alguien tomó mojado y otras palabras y terminaron con otra palabra en inglés. Y llamamos a ese tipo de persona un cobarde. Es la idea. Vacila, no tiene ninguna convicción, no quieren un desafío. Están algo así como deprimidos, son temerosos. Pero los hombres reales enfrentan la vida con fortaleza y con valentía. Les encanta enfrentar un desafío.

Ahora, para ver la riqueza de esta verdad aquí en 1 Corintios 16 tienes que ir al Antiguo Testamento. Sigan este pensamiento. Este es el único lugar en el que este tipo de instrucción aparece en el Nuevo Testamento. Pero estas mismas palabras aparecen en el Antiguo Testamento, en la Septuaginta. La Septuaginta es una traducción griega del Antiguo Testamento. Entonces, si queremos saber cómo es que esas personas en ese entonces vieron esa frase, lo vemos en el Antiguo Testamento griego.

Entonces, si tuviéramos una Septuaginta con nosotros, encontraríamos estos mismos términos en varios textos del Antiguo Testamento. Lo que significa que podemos ir al Antiguo Testamento y obtener algo de información acerca de lo que todo esto significa. Cuando dice: portaos varonilmente, sean valientes y sean fuertes, vamos al Antiguo Testamento. Encontramos esas mismas frases usadas una y otra vez en el Antiguo Testamento. Y van a enriquecer nuestro entendimiento.

Entonces, tomen su Biblia, pasen a Deuteronomio capítulo 31. Y vamos a movernos un poco rápido aquí, debido al tiempo. Pero quiero que sigan. Moisés está hablando aquí a todo Israel. Y notarán en el versículo 6, y aquí encontramos este mismo tipo de términos. Y en el Antiguo Testamento griego, las mismas palabras que son usadas en 1 Corintios 16, son utilizadas. Versículo 6: "Esforzaos y," ¿qué? "Cobrad ánimo". Ahí están esos dos términos de nuevo. Los mismos términos. "No temáis ni tengáis miedo de ellos".

Aquí tiene la descripción misma de un hombre. Él es fuerte y valiente. No tiene miedo y no tiembla. Cuando enfrenta a un enemigo, cuando enfrenta a la dificultad, él le está diciendo al pueblo que van a cruzar y van a entrar a la tierra y no tienen que preocuparse por los amorreos. Van a entrar ahí y necesitan ser fuertes y valientes. Así es como son los hombres. Actúen como hombres. ¿Por qué?

Siga en los versículos 6-8: "porque Jehová tu Dios es el que va contigo; no te dejará, ni te desamparará. Y llamó Moisés a Josué, y le dijo en presencia de todo Israel: Esfuérzate y anímate; porque tú entrarás con este pueblo a la tierra que juró Jehová a sus padres que les daría, y tú se la harás heredar. Y Jehová va delante de ti; él estará contigo, no te dejará, ni te desamparará; no temas ni te intimides". ¿Por qué debe ser fuerte y valiente? Porque, ¿qué?, porque el Señor está contigo. Porque el Señor está contigo.

Vayan al versículo 23 del mismo capítulo: "Y dio orden a Josué hijo de Nun, y dijo: Esfuérzate y anímate", lo mismo. Cada vez que va a actuar un líder necesita fortaleza y valentía. Necesitas tener la fortaleza para enfrentar la dificultad y la valentía para enfrentarla. Eso es fortaleza. Así es como los hombres reales actúan.

Segundo de Samuel, capítulo 10, esto es fascinante. David y Joab. Versículo 9: "Viendo, pues, Joab que se le presentaba la batalla de frente y a la retaguardia, entresacó de todos los escogidos de Israel, y se puso en orden de batalla contra los sirios". Aquí está un hombre en la batalla. Joab es el comandante de las fuerzas de David. ¿Y qué es lo que dice? Versículo 11: "Y dijo: Si los sirios pudieren más que yo, tú me ayudarás; y si los hijos de Amón pudieren más que tú, yo te daré ayuda".

Y él está preparando el plan de batalla. Pero el versículo 12, ¿qué les dice a sus tropas? "Esfuérzate, y esforcémonos", y seamos valientes. Aquí están esos dos mismos términos. Estamos enfrentando dificultad. Aquí estamos en una guerra. Debemos ser fuertes. Esto es, tener la capacidad de enfrentar al enemigo. Valientes, con suficiente valentía como para confrontar; ser fuertes y valientes.

Primero de Reyes, capítulo 2. David está dándole instrucciones a su hijo Salomón. ¿Qué es lo que un padre le dice a su hijo? ¿Qué quiere un padre de su hijo? Versículos 1 al 3 de 1 Reyes 2: "Llegaron los días en que David había de morir, y ordenó a Salomón su hijo, diciendo…" ¿Qué le dice un padre moribundo a su hijo? En primer lugar, a todo padre le gustaría que su hijo fuera un hombre. Un hombre de hombres. Entonces, él acerca a Salomón a su costado y, ¿qué le dice? "Yo sigo el camino de todos en la tierra", en otras palabras, voy a morir como el resto de la gente. Esto es lo que quiero que hagas: "esfuérzate, y sé hombre". Se fuerte, sé un hombre. "Guarda los preceptos de Jehová tu Dios, andando en sus caminos, y observando sus estatutos y mandamientos, sus decretos y sus testimonios", haz lo que sabes que es lo correcto.

Ahora, él está pasando de la dimensión militar, como vimos con Joab, a la dimensión espiritual. Está diciendo "sé fuerte y valiente" en términos de fidelidad a Dios. Primero de Crónicas, capítulo 22, versículos 11-13, David de nuevo hablándole a Salomón. "Ahora pues, hijo mío, Jehová esté contigo, y seas prosperado, y edifiques casa a Jehová tu Dios, como él ha dicho de ti. Y Jehová te dé entendimiento y prudencia, para que cuando gobiernes a Israel, guardes la ley de Jehová tu Dios. Entonces serás prosperado, si cuidares de poner por obra los estatutos y decretos que Jehová mandó a Moisés para Israel. Esfuérzate, pues, y cobra ánimo; no temas, ni desmayes". Sé fuerte y valiente. Así es como los hombres actúan. Así es como todo padre quiere que su hijo actúe. Fuerte y valiente.

Una vez más, Primero de Crónicas 28:20, David le habla otra vez a Salomón. Entonces David le dijo a su hijo Salomón, sé fuerte, valiente y actúa. Me encanta eso. Sé fuerte y valiente y actúa. "No temas ni desmayes porque Jehová tu Dios, mi Dios, está contigo; Él no te dejará ni te desamparará, hasta que acabes toda la obra para el servicio de la casa de Jehová". Sé fuerte y valiente.

Segundo de Crónicas 32:1: "Después de estas cosas y de esta fidelidad, vino Senaquerib rey de los asirios e invadió a Judá, y acampó contra las ciudades fortificadas, con la intención de conquistarlas. Viendo, pues, Ezequías la venida de Senaquerib, y su intención de combatir a Jerusalén, tuvo consejo con sus príncipes y con sus hombres valientes, para cegar las fuentes de agua que estaban fuera de la ciudad; y ellos le apoyaron. Entonces se reunió mucho pueblo, y cegaron todas las fuentes, y el arroyo que corría a través del territorio, diciendo: ¿Por qué han de hallar los reyes de Asiria muchas aguas cuando vengan? Después con ánimo resuelto edificó Ezequías todos los muros caídos, e hizo alzar las torres, y otro muro por fuera; fortificó además a Milo en la ciudad de David, y también hizo muchas espadas y escudos. Y puso capitanes de guerra sobre el pueblo, y los hizo reunir en la plaza de la puerta de la ciudad, y habló al corazón de ellos, diciendo:" ¿y qué dijo Ezequías?

Versículo 7: "Esforzaos y animaos; no temáis, ni tengáis miedo del rey de Asiria, ni de toda la multitud que con él viene; porque más hay con nosotros que con él". ¿Quién era el que estaba con él? ¿Quién era? Satanás. ¿Quién estaba con nosotros? Dios. Sean fuertes y valientes.

El Salmo 27, simplemente se lo menciono, no necesitan buscarlo. Salmos 27:14: "Aguarda a Jehová; esfuérzate, y aliéntese tu corazón. Sí, espera en Jehová".

Ahora, acabamos de ver varias Escrituras que nos dicen cuán importante es una frase en el Nuevo Testamento. Sean fuertes, actúen como hombres. Significa ser valiente, un hombre no cede al temor. Un hombre no cede a la intimidación. Un hombre no busca el lugar seguro. Una mujer, sí. Un hombre no busca el camino fácil, un hombre vive en base a principios. Un hombre vive en base a la valentía de su convicción. Él permanece fuerte en contra de la oposición. Él es valiente y él enfrenta desafíos. Eso es fortaleza varonil. Significa contender con la dificultad. Significa enfrentar un desafío. Significa enfrentar un enemigo. Significa soportar el dolor de una situación difícil. Significa aferrarse a la justicia. Significa aferrarse a los propósitos de Dios. Esta es la virtud que constituye a un hombre. Este es un hombre que es decisivo. Este es un hombre que va a arriesgar lo que sea por lo que cree por causa de lo que está en su corazón. Este es el hombre que arriesga por la verdad y arriesga por el principio, quien es valiente y fuerte.

Y damas, permítanme decirles algo: éste es el tipo de hombre que están buscando. Y caballeros, este es el tipo de hombre que deben ser. Un hombre que es decisivo, un hombre que actúa como un hombre. Que es valiente. Y desde nuestro punto de vista, no solo en el mundo social o en el mundo de los negocios o en el mundo de la economía, sino también en la dimensión espiritual. Encuentre a un hombre que es decisivo. Encuentre a un hombre que vive en base a la verdad y principios al punto en el que va a arriesgarse por ella. Encuentre a un hombre que puede ser desafiado en el punto de sus convicciones y no doblar la rodilla. Ese es un hombre.

Un pasaje del Antiguo Testamento para cerrar: Josué capítulo 1. Y quiero que pasen allí. Aquí está la Palabra del Señor a Josué. Moisés ahora ya está muerto. Josué es el líder. Y quiero que observe los versículos 5 al 9 de Josué 1. Dios le habla a Josué: "Nadie te podrá hacer frente en todos los días de tu vida;" ¡hombre! ¡Qué afirmación! ¡Qué promesa! "Como estuve con Moisés, estaré contigo; no te dejaré, ni te desampararé".

Versículo 6-9: "Esfuérzate y sé valiente; porque tú repartirás a este pueblo por heredad la tierra de la cual juré a sus padres que la daría a ellos. Solamente esfuérzate y sé muy valiente, para cuidar de hacer conforme a toda la ley que mi siervo Moisés te mandó; no te apartes de ella ni a diestra ni a siniestra, para que seas prosperado en todas las cosas que emprendas. Nunca se apartará de tu boca este libro de la ley, sino que de día y de noche meditarás en él, para que guardes y hagas conforme a todo lo que en él está escrito; porque entonces harás prosperar tu camino, y todo te saldrá bien. Mira que te mando que te esfuerces y seas valiente;" es la tercera vez que Dios le dijo esto a él, "no temas ni desmayes," eso es lo opuesto, "porque Jehová tu Dios estará contigo en dondequiera que vayas".

Ahora, tres veces Él le dice sé fuerte y sé valiente. Pero, ¿cuáles son los componentes que motivan a eso? ¿Qué motiva a eso? Componente número uno, versículo 5, "como estuve con Moisés, estaré contigo; no te dejaré, ni te desampararé". El primer componente en ser fuerte y valiente es fe en la presencia de Dios. En la presencia de Dios. Cuando yo sé que Dios está presente conmigo, puedo enfrentar cualquier desafío espiritual y saber que mayor es el que está en mí que el que está con ellos, ¿verdad? "Mayor es", como dice el Nuevo Testamento, "el que está en vosotros que el que está" ¿qué? "en el mundo".

Entonces, el primer componente de la fortaleza es fe en la presencia de Dios. Confianza en la presencia de Dios. El segundo está en el versículo 6. Esfuérzate y sé valiente. ¿Por qué? Porque tú le darás a este pueblo posesión de la tierra que yo juré a sus padres. Lo segundo que te da valentía y fortaleza no es solo fe en la presencia de Dios sino, siga esto, fe en el propósito de Dios. Dios había prometido que Él daría a Canaán a Israel. Josué, Dios dice, tú sabes que la causa es la correcta. Si tú sabes que Dios está presente, y sabes que la causa es la correcta, esa es la sustancia de la valentía y la fortaleza. "Josué, tú sabes que le prometí a tus padres darles esta tierra. Entonces, puedes salir con valentía, sabiendo que no puedes ser derrotado".

El tercer componente, versículos 7 y 8. "Solamente esfuérzate y sé muy valiente, para cuidar de hacer conforme a toda la ley que mi siervo Moisés te mandó; no te apartes de ella ni a diestra ni a siniestra, para que seas prosperado en todas las cosas que emprendas". Después, en el versículo 8 dice lo mismo de otra manera: "Nunca se apartará de tu boca este libro de la ley, sino que de día y de noche meditarás en él, para que guardes y hagas conforme a todo lo que en él está escrito; porque entonces harás prosperar tu camino, y todo te saldrá bien".

Este es otro componente muy importante. Confianza en, siga esto, la providencia soberana de Dios. Tienes confianza en la presencia de Dios, Él está ahí. Tienes confianza en el propósito de Dios, Él cumplirá su plan. Tienes confianza en la providencia de Dios. Que Él está dirigiendo todo detalle de la vida para qué tú prosperes.

Permítanme decirles algo, jóvenes. Yo vivo en base a estos principios. Yo vivo en base a la realidad que puedo enfrentar cualquier desafío espiritual porque Dios está conmigo. La causa es justa y Dios va a dirigir todo acontecimiento en su providencia para cumplir su propósito y éxito.

Y hay otro componente, versículo 9: "Mira que te mando". "Mira que te mando". ¿Qué es esto? Esto es reconocer tu deber. Reconocer que tú eres llamado a obedecer. Obediencia. Llamémoslo deber. Yo tengo el deber de ser fuerte y valiente. Debo hacer eso. Cuando yo confío en la presencia de Dios, cuando yo espero en los propósitos de Dios, cuando tengo confianza en la providencia de Dios, en que Él dirigirá todo detalle y cuando yo estoy sometido a mi deber espiritual, yo seré fuerte y valiente y me portaré varonilmente. Y se me manda hacer eso. Eso es un hombre.

Me sorprende ver cuántas personas en nuestra cultura creen que un hombre es algún tipo de macho sin principios. No es así. Como ustedes saben, Dios ha diseñado esto en nosotros. Dios ha diseñado que el hombre guíe. ¿Y cómo es que un hombre va a ser el marido de una mujer y guiarla si no tiene un componente que se relaciona con ella? ¿Y cómo es que un hombre puede ser un padre en la perspectiva apropiada conforme él guía a la familia si no puede tener alguna comprensión de sus hijas? ¿Y cómo es que un hombre va a guiar a la Iglesia si no entiende algo de la compasión y de la sensibilidad de una mujer? ¿Y cómo es que un hombre va estar en cualquier liderazgo de la sociedad si no fuera por identificarse con este instinto de seguridad, con esa feminidad hasta cierto punto?

Creo que las diferencias entre los hombres y las mujeres no son un resultado de alguna neblina que está flotando en el aire. No es eso. Bueno, las niñas simplemente resultan ser niñas. No. Es genético. Está constituido en sus genes. Es nuestra responsabilidad guiar. Y esa es la razón por la que dice, 'portaos varonilmente, sean fuertes, pero hagan todo lo que hagan en amor'. Dios ha constituido en la genética de un hombre un componente para hacerlo capaz de enfrentar desafíos y enfrentar riesgos. ¿Por qué? Porque él es el protector de su esposa. Él es el proveedor.

Oigan, vivimos en un mundo libre de riesgos, ¿verdad? ¿Qué arriesgamos? ¿Qué arriesgas? Te metes en tu pequeño auto, te pones el cinturón de seguridad y espera a que, si tienes un accidente, un globo enorme se infle en tu cara para que nada te lastime. ¿Qué riesgo? Si te enfermas, tienes seguro médico. Si tienes un trabajo, no te pueden despedir, de lo contrario el sindicato va a demandar a tu jefe. No tienes que salir a cazar tu comida. No estás caminando por la jungla tratando de encontrar algo que comer. No estás construyendo con tus manos una casa en el medio del desierto. Este es un mundo libre de riesgos. Tu riesgo más grande es que no te asfixies con tu spray para el cabello, ¿verdad? ¿Dónde está el riesgo?

¿Saben lo que sucede? ¿Saben lo que sucede en una sociedad libre de riesgos? No produce hombres. No produce hombres. Produce cobardes, por un lado, u hombres artificiales por otro corriendo por todos lados, golpeándose el pecho. No tienen idea de lo que es la masculinidad. Lo cual es vivir en base a principios.

¡Qué pena que solo me quedan tres minutos! Tengo mucho más que decir. No sabemos lo que es el riesgo. Las únicas personas que realmente creo que saben lo que es el riesgo somos algunos de nosotros que vivimos como cristianos en la batalla espiritual en la que viven los cristianos. El diseño de Dios para los hombres es que ellos desafían. Ellos saben cómo guiar. Ese es un hombre. Eso está constituido en ellos. Y tenemos que proteger a las mujeres y tenemos que proveer para ellas. Y tenemos que recogerlas y permitir que ellas tengan la oportunidad de estar en un lugar donde puedan ser todo lo que Dios quiere que sean siendo protegidas. Esa es la razón por la que ves que el matrimonio es comparado a Cristo y a su Iglesia. Cristo es el Salvador, el protector; y la Iglesia es la que es salvada y protegida. Somos la novia, Él es el marido.

Los hombres que son hombres son personas de convicción espiritual que pueden enfrentar un desafío espiritual y no doblar la rodilla. Pero, ¿por qué estás diciendo esto? Esto debe ser dado solo a los hombres. No. Recuerde, 1 Corintios fue escrito a hombres y mujeres, ¿verdad?

Entonces, permítame cerrar al decir esto. Los hombres y las mujeres en la actualidad, todos ustedes deben ser fuertes y valientes en la dimensión espiritual, ¿verdad? Todos ustedes. Él no solo les está hablando a los hombres. Todos debemos hacer eso. Todos enfrentamos tentación a hacer concesiones; y lo enfrentamos con convicción, valentía y permanecemos firmes. Van a salir de esta escuela en dos semanas y van a llegar al verano; y van a estar en una situación en la que se verán tentados a hacer concesiones. Van a tener que actuar como hombres, van a tener que ser fuertes y valientes. ¿Y van a recordar que Dios está presente? ¿Van a recordar que Dios ha establecido su propósito y, si eres obediente a Él, van a prosperar? ¿Van a recordar que Dios providencialmente está dirigiendo inclusive las cosas difíciles de sus vidas para Su propia gloria? ¿Y van a recordar que son llamados al deber o van a hacer concesiones? Si actúan como hombres, van a ser fuertes y valientes. Si van a ser tentados a tolerar la enseñanza y conducta y puntos de vista en otros que han afirmado como inaceptables, ¿van a doblar la rodilla ante eso o van a ser firmes y resistir? ¿Van a verse tentados a romper sus votos? Durante sus devociones este año, quizás en la capilla o en clase o en algún servicio de la Iglesia, han hecho algunas promesas a Dios acerca de cómo quieren vivir. ¿Van a irse a casa y romper esas promesas y romper esos votos bajo la presión o van a actuar como un hombre, fuertes y valientes?

Oro todo el tiempo para que Dios coloque a hombres así en nuestro campus, porque las damas necesitan aprender de ese tipo de hombres a cómo actuar. ¿Van a verse tentados a pecar? ¿Van a verse tentados a violar la Palabra de Dios? ¿Inclusive la parte de lo que conocen muy bien? ¿Cómo van a actuar? Van a actuar como un hombre. Van a poder decir cuando el verano acabe y regresen y digan lo que Pablo dijo, escuchen sus palabras, 2 Corintios 1:12: "Porque nuestra gloria es esta: el testimonio de nuestra conciencia, que con sencillez y sinceridad de Dios, no con sabiduría humana, sino con la gracia de Dios, nos hemos conducido en el mundo". ¡Qué afirmación! Nuestra confianza orgullosa es esta, que nos hemos conducido en el mundo en santidad y sinceridad piadosa. Él llegó al final de su vida y dijo: "He peleado la buena batalla", ¿verdad? He acabado la carrera, he guardado la fe. Dicho en otras palabras, he actuado como un hombre.

Mi oración por ustedes, conforme salen este verano, es que simplemente hagan eso: actúen con valentía espiritual. Valentía a partir de sus convicciones, de lo que saben que está bien. Y al actuar como un hombre, vean que son prosperados y tengan buen éxito y le den toda la gloria a Dios.

04_Conociendo la voluntad de Dios

Dave me pidió esta mañana si les hablaba del tema de la voluntad de Dios. Y todo el mundo dice: "Bueno, todo el mundo habla de la voluntad de Dios. ¿Qué tienes que decir que sea diferente?" Bueno, vamos a descubrirlo.

"¿Cómo puede una persona conocer la voluntad de Dios?" "¿Cómo sé cuál es la voluntad de Dios para mi vida?" Los jóvenes me preguntan todo el tiempo. "No conozco la voluntad de Dios para mi vida". "¿A qué escuela debo ir?" "¿Dónde debo vivir?" "¿Qué tipo de carrera debo escoger?" "¿Qué tipo de trabajo quiero?" "¿Con quién me caso?" "¿Qué busco en un cónyuge en la vida?" "¿Qué debería buscar en términos de oportunidades de carrera, tengo estas tres cosas, como sé qué es lo que Dios quiere que haga?" "¿A qué Iglesia asisto?" "¿Qué hay acerca de un ministerio? Tengo 10 ministerios enfrente de mí. Tengo la parálisis del análisis. No sé cuál escoger. Sería más simple si solo tuviera uno. ¿Por qué hay tantas opciones?" "¿Cómo puedo conocer la voluntad de Dios?"

Y ustedes saben cómo es. Hay algunas personas, creo, que piensan que la voluntad de Dios está perdida y tienen que buscarla. Oyen a personas decir: "Bueno, estoy buscando la voluntad de Dios". Como si Dios fuera una especie de conejito de Pascua y tomó Su voluntad y la escondió. Y ahora dice: "Encuéntrala". Y ahí arriba en el cielo está diciendo: "Es más y más tibio, más y más caliente", como si fuera una especie de juego que debemos jugar para encontrar lo que Dios ha escondido.

Y hay otras personas que creen que la voluntad de Dios es una especie de trauma. Ustedes saben, estás corriendo ahí por la calle en la lluvia, te resbalas en una cáscara de banana y tu nariz aterriza en un mapa en África. Y este es el llamado de Dios, este es el llamado a África. Lo es, ahí voy, Señor. O una voz del cielo en el medio de la noche que dice: "Ve a la india". Y estás esperando la voz y lo único que la voz está diciendo es: "Dejar de roncar", o algo así.

Hay otras personas que creen que la voluntad de Dios es algo que debes temer. Ha habido jóvenes que me han dicho: "Realmente no estoy pidiéndole a Dios que me haga entender Su voluntad porque no estoy seguro de que la quiero". Me acuerdo de un atleta que me preguntó en Hume Lake en una ocasión y él dijo: "Realmente, para ser honesto contigo, quiero conocer la voluntad de Dios para mi vida, pero temo la respuesta. Digo, soy un atleta y me encanta el deporte. Y mi gran temor es que Dios me va a romper las piernas y me va a hacer tocar la flauta, tú sabes".

Dios es una especie de aguafiestas cósmico. Bueno, ahí hay uno que se está divirtiendo. Vayan tras él, y Él quiere terminar con tu fiesta. Y Dios quiere que te pongas un casco y vivas en una jungla infectada de mosquitos, repartiendo folletos a la gente que no puede leer el idioma en el que están impresos.

Creo que hay otras personas que asumen que la voluntad de Dios es una especie de anillo en el carrusel. No sé si usted sabe lo que eso significa, pero en algunos lugares, creo que en Disneylandia, todavía tienen anillos ahí en los carruseles. Uno se sube y está esto que saca estos anillos. Y tú tratas de atraparlos y tienen varios que son de palo, pero hay algunos que son de bronce. Y si atrapas el que es de bronce, obtienes un premio. He estado en carruseles así, si te toca el de bronce y lo avientas ahí en la boca de un payaso un poco más adelante, terminas con el premio grande.

Hay personas que suponen que esa es la voluntad de Dios. Simplemente, la buscas. Simplemente, tratas de aferrarte a ella. Y si tienes suerte, y la tienes y la avientas por la boca del payaso, ganas. Pero la mayoría de la gente nunca la va a encontrar. Y si la encontramos, no le vamos a atinar en la boca del payaso. Y vamos a tener que conformarnos con algo menos que eso.

No todo el mundo encuentra la voluntad de Dios. Ustedes saben, la gente que son misioneros muy prominentes o la gente que tiene mucho éxito en la vida, realmente están en la voluntad de Dios y el resto de nosotros, en cierta manera, nos quedamos ahí a un segundo nivel, habiéndonos perdido del anillo de bronce. Y así van las teorías de la voluntad de Dios.

Permítanme ver si puedo ayudarles a ver las Escrituras con respecto a la voluntad de Dios y antes de que hagamos eso, simplemente darles algo de progresión lógica, al responder a la pregunta "¿Cuál es la voluntad de Dios?", vamos a asumir varias cosas.

Vamos a asumir, número uno, que Dios tiene una voluntad para tu vida. ¿Es esa una suposición apropiada? Yo creo que lo es. Dios es soberano y Dios tiene un propósito para tu vida. Esa es la primera suposición. Dios tiene una voluntad para tu vida. Él no es nebuloso, Él no es vago, Él no es indeciso. Él no carece de una opinión con respecto a ti. Él tiene una voluntad específica en mente para tu vida.

En segundo lugar, si la suposición número uno es verdad, la suposición número dos debe ser verdad. Él quiere que sepas cuál es. ¿Es eso justo? Digo, ¿por qué Dios tendría una voluntad para tu vida y frustrarse a sí mismo al no querer que tú sepas lo que es? ¡Claro que Él quiere que sepas lo que es!

Si eso es verdad, la tercera suposición es que Él entonces la va a colocar en el lugar más obvio. Es identificable. Dios tiene una voluntad para tu vida porque Él tiene una voluntad para todo y para toda persona. Y Dios, por lo tanto, quiere que sepas cuál es esa voluntad para que Él pueda cumplir el propósito que Él diseñó. Y, en tercer lugar, esperarías que la pudieras encontrar en un lugar obvio.

Ahora, el lugar más obvio en donde yo sé que hay que buscar la voluntad de Dios es el lugar donde ha revelado Su voluntad, esto es la Biblia. Dices tú: "Ahora espera un momento, esa no es mi pregunta. Quiero saber con quién me debo casar, dónde debo trabajar y etcétera, etcétera. No me preocupa la parte espiritual de eso. Me preocupa la parte práctica de eso". Y francamente, ese podría ser el problema real, porque tenemos que comenzar con las Escrituras.

Segunda de Pedro capítulo 3:9, y aquí está un versículo conocido: "El Señor no retarda su promesa según algunos la tienen por tardanza". En otras palabras, el Señor no es indiferente o es indeciso o es infiel. En otras palabras, la razón por la que el juicio no ha venido no es porque Dios no sea potente o sea indiferente o infiel. Él está hablando de juicio aquí. La razón por la que el juicio no ha venido no es porque Dios es tardo, sino porque es paciente. La razón por la que Dios todavía no ha juzgado al mundo es porque Él no quiere que nadie, ¿qué?, perezca, sino que todos vengan al arrepentimiento. Ahora, ahí está el primer componente de la voluntad de Dios. La voluntad de Dios es que los hombres sean salvos. Él no quiere que perezcan.

Primera de Timoteo, capítulo 2, versículo 3. Hay una afirmación acerca de Dios nuestro Salvador. "Porque esto es bueno y agradable delante de Dios nuestro Salvador". Después, versículo 4, "el cual quiere que todos los hombres sean salvos y vengan al conocimiento de la verdad". Y esa es la razón por la que en el versículo 5, Él ha provisto al hombre de Cristo Jesús, el cual se entregó a sí mismo en rescate por todos de lo cual se dio testimonio a su debido tiempo. Jesucristo, la provisión de Dios, un rescate por todos, porque Dios es un Dios Salvador, el cual quiere que todos los hombres sean salvos.

Ahora, tanto 2 Pedro 3:9 como 1 Timoteo 2:3 y 4 nos dicen el primer componente en la voluntad de Dios. Dios quiere que los hombres y mujeres sean salvos. Ahí es donde todo comienza. Obviamente, si no eres salvo, si no has obedecido la voluntad de Dios en el primer paso, Dios no está involucrado en expresar su voluntad para tu vida de una manera positiva. Dios no guía a aquellos que no lo conocen. Repetiré eso: "Dios no guía a aquellos que no lo conocen". Él guía a la gente a la salvación, pero fuera de eso, para aquellos que rechazan esa salvación, Dios no los está guiando. Según Romanos capítulo 8, versículo 14, los que son guiados por Dios son aquellos que tienen dentro de ellos al Espíritu de Dios. Pero aquellos que no conocen a Dios no son guiados por Él. Jesús los describió de esta manera: son multitudes de ovejas sin pastor. Jesús dijo: "Nadie los está guiando". Realmente, dependen de sí mismos.

Entonces, si tú nunca has llegado a la salvación, dependes de ti mismo. Lo único que Dios ha planeado para ti es juicio eterno. Eso es lo único. Dependes de ti mismo. En Juan, capítulo 10, versículo 4, Jesús dijo, cuando Él presenta a sus ovejas, Él va delante de ellas y sus ovejas lo siguen porque conocen su voz. Él guía a los suyos. Tú ni siquiera puedes involucrarte en ser guiado por Dios sin el paso de la salvación. Y eso es obvio. Debería ser obvio para todos nosotros. Sin Cristo, eres un extraño para Dios. Sin Cristo, eres un extranjero ilegal, por así decirlo, que está ahí al borde de un Reino al que no perteneces. Sin Cristo, eres un rebelde. Hasta que conoces a Cristo, ni siquiera estás involucrado en el proceso del propósito y voluntad que Dios desarrolla.

Permítame darte una ilustración de esto: observa Marcos 3. Un relato bastante fascinante de nuestro Señor y su familia humana. Jesús estaba enseñando aquí en una casa y simplemente, para resumir la historia larga, versículo 31 de Marcos 3 dice que su madre y sus hermanos llegaron. Estaban de pie afuera y le enviaron noticias a Él y lo llamaron. Está en una casa llena de gente y Él está enseñando. De hecho, ha estado enseñando acerca de Satanás. Y de pronto, su madre y sus hermanos aparecen y le mandan decir que lo quieren.

Entonces, algún mensaje viene al frente. Jesús está enseñando a multitudes y alguien le dice: "Oye, tu mamá te quiere". La multitud, versículo 32, estaba sentada a su alrededor. Y dijeron: "Tu madre y tus hermanos están afuera buscándote". Y aquí hay una respuesta sorprendente en el versículo 33. Al responderles, Él dijo: "¿Quién es mi madre y mis hermanos?" Dices, espera un momento, ¿acaso Él no sabe? Claro que sí. Es una pregunta retórica. Versículo 34: "Y mirando a los que estaban sentados al alrededor de él, dijo: He aquí mi madre y mis hermanos". ¿Qué? ¿Qué está diciendo?

Bueno, el versículo 35 dice: "Porque todo aquel que hace la voluntad de Dios, ese es mi hermano, y hermana, y madre". Él está diciendo esto, las relaciones terrenales llegan hasta cierto punto. Para estar verdaderamente conectado conmigo, debes hacer la voluntad de mi Padre. ¿Cuál fue la voluntad de su Padre? Escuche, Él la expresó cuando dijo esto: "Este es mi Hijo amado, a Él oíd". La voluntad del Padre es que creas en el Hijo. La voluntad del Padre es que ames al Hijo. "El que no amare al Señor Jesucristo, sea anatema", Primera de Corintios 16:22 dice. La voluntad de Dios es que entregues tu vida a Cristo.

El Evangelio es un mandato, ¿no es cierto? No es una opción. Siempre decimos: "Bueno, te invito a venir a Cristo". La Biblia nunca invita a nadie a venir a Cristo. La Biblia manda a la gente a venir a Cristo. No los invita, les manda. Y es el mandato del Padre: "Este es mi Hijo amado, a Él oíd". Este es mi Hijo amado, síganlo a Él. Crean en Él. Ese es el Evangelio. Cree en el Señor Jesucristo y serás salvo. "Confiesa con tu boca que Jesús es el Señor y cree en tu corazón que Dios lo levantó de los muertos y serás salvo". Todos esos son mandatos.

Entonces, lo que Jesús está diciendo aquí es que las relaciones temporales, las relaciones externas no significan nada. Si realmente quieres estar relacionado a mí, debes hacer la voluntad de mi Padre y la voluntad de mi Padre es que creas en mí. Entonces, la voluntad de Dios es que la gente sea salva mediante la fe en Jesucristo.

En 1 Juan 2:15, Juan dice: "Si alguno ama al mundo, el amor del Padre no está en él". No puedes servir a Dios y al sistema. Entonces, la voluntad de Dios comienza al afirmar a Cristo como Señor y Salvador. Ese es el primer paso. Si no has dado ese paso, Jesús dice, ni siquiera estás en mi familia. No es mi madre y no eres mi hermano. No tienes asociación conmigo, eres una oveja sin pastor, no tienes líder, tú dependes de ti mismo. La única voluntad que tengo para ti es el infierno eterno.

Hay un segundo elemento de la voluntad de Dios en la Biblia que es básico y ese está en Efesios capítulo 5. Veámoslo. Texto conocido. Efesios, capítulo 5 y versículo 17, ahora, este es un versículo algo difícil de entender, así que sea paciente. "No seáis pues insensatos". Bueno, hay otra palabra para insensato que comienza con 't'. Torpe. Bien. Eso simplemente parece tener un eco, ¿no es cierto? Torpe. No seas torpe, "sino sé entendido de cuál sea la voluntad del Señor".

Ahora, permíteme hacerte una pregunta. Si no conoces la voluntad del Señor, ¿qué eres? ¿Qué eres? Torpe. Usted pregunta qué quiero decir. Bueno, eso es lo que dice. No seas torpe, si no entiende cuál es la voluntad del Señor. No entiendes la voluntad del Señor, eres torpe. Dices: "Estoy buscando, estoy buscando". Está aquí. Está aquí. Ha estado aquí todo el tiempo. "Bueno, ¿cuál es?" Versículo 18. Simplemente, sigue leyendo. "No os embriaguéis con vino, en lo cual hay disolución; antes bien sed, ¿qué?, llenos del Espíritu".

Lo segundo en la voluntad de Dios es que seas lleno del Espíritu. Lo primero, que seas salvo. En segundo lugar, que seas lleno del Espíritu. Si no conoces esto, eres ¿qué? Sorprendente. Él dice: mira, quiero que conozcas la voluntad de Dios. Y la voluntad de Dios para ti es que no te embriagues con vino. Eso es disipación, sino que seáis llenos del Espíritu.

Dices, "Bueno, ¿por qué comparan esas dos cosas como si fueran las únicas dos alternativas? O eres un borracho o estás lleno del Espíritu. ¿Qué tipo de comparación es esa? La comparación sale del sistema religioso antiguo. Cualquiera de ustedes que ha viajado al Medio Oriente, a alguno de estos lugares en la vida de Pablo y en la primera Iglesia, inclusive en el mundo árabe, así como Balbeck, en donde yo he estado y he visto al templo de Baco y todo eso, sabrán que cuando visitas a esos lugares, les dicen que cuando los adoradores religiosos antiguos se reunían, creían que tenían comunión con la deidad mediante dos medios primordialmente. Uno, era la inmoralidad sexual, cuando una sacerdotisa, que era una prostituta de un templo, y en la euforia y el éxtasis de la experiencia sexual, ellos estaban siendo levantados para tener comunión con la deidad.

Y lo segundo fue en la embriaguez. Ellos creían que conforme se embriagaban, eso les elevaba más allá de sí mismos. La embriaguez era un estado de euforia religiosa que los llevaba a la presencia de su deidad. Allá por los 60, cuando nació el movimiento hippie, un hombre muy influyente llamado el Dr. Timothy Leery estaba diciendo esto.

Él estaba promoviendo el ingerir drogas como una experiencia religiosa, porque esas drogas elevaban tu nivel de conciencia. Esto también es el caso en la parte oriental del mundo, en las religiones místicas orientales, ellos creían que cierto tipo de auto hipnosis y cierto tipo de estupores inducidos por las drogas te elevan al nivel de comunión con la deidad. En Latinoamérica lo hacen con una droga llamada el peyote. Lo hacen en Sudamérica con una droga que ha sido usada como anestesia en nuestros hospitales en Estados Unidos llamada querarri, una forma de eso. Tienen varias cosas diferentes como esa alrededor del mundo. Nos están diciendo en Somalia que estos rebeldes que están masacrando a todas estas personas pueden enfrentar los homicidios y el estilo de vida porque mastican cierta droga que los hace estar en un estado completo de estupor, alejados de la realidad.

Bueno, la gente ha asociado este tipo de cosas con una experiencia religiosa. Y Pablo está diciendo: "Miren, si quieres acercarte a Dios, si quieren ser elevados y trascender y salirse de las normas de la vida y alcanzar el nivel de la deidad, no lo hagan al embriagarse. Háganlo al estar rellenos de, ¿qué?, del Espíritu Santo. Así es como tienes comunión con Dios, comunión con el Dios verdadero. No seas torpe. Tú sabes cuál es la voluntad de Dios. Y su voluntad es que seas lleno del Espíritu. Esa es la voluntad de Dios.

Ahora, obviamente vas a hacer la pregunta: ¿Qué significa ser lleno del Espíritu? Bueno, permítanme ver si puedo darles una respuesta breve. En primer lugar, tienen que saber esto: que, si eres un cristiano, el Espíritu Santo vive en ti, ¿verdad? Romanos 8:9, "si alguno no tiene el Espíritu de Cristo, no es de Él". Y de la misma manera, si tienes a Cristo, tienes al Espíritu.

Primera de Corintios 6:19-20, "¿O ignoráis que vuestro cuerpo es templo del Espíritu Santo, el cual está en vosotros, el cual tenéis de Dios, y que no sois vuestros? Porque habéis sido comprados con precio; glorificad, pues, a Dios en vuestro cuerpo y en vuestro espíritu, los cuales son de Dios". Tu cuerpo es el templo. Primera de Corintios 12, versículos 12 y 13. Dice que todos hemos sido bautizados en un Espíritu. Toda persona que es cristiana posee al Espíritu Santo. Pero eso no significa que somos llenos del Espíritu Santo.

¿Qué queremos decir con 'llenos'? Bueno, queremos decir, en primer lugar, entendido de manera muy simple, controlado por. Controlado por. La palabra *pleroo* tiene la idea de influencia total. Por ejemplo, en el Nuevo Testamento, en los relatos del Nuevo Testamento, con frecuencia lees acerca de alguien que fue lleno de enojo. Que estaba lleno de temor, lleno de asombro. Lleno de maravilla. Y lo que eso básicamente significa es que esa es una influencia dominante.

Por ejemplo, en la vida, generalmente tú equilibras las cosas muy bien. Tomemos, por ejemplo, el gozo y la tristeza. La frase 'lleno de tristeza' también es usada en el Nuevo Testamento. Tomemos el gozo y la tristeza. Podrías vivir la vida y equilibrar eso bastante bien. Hay suficientes cosas en tu vida que son positivas, pasas el examen y tienes algunos amigos amables. Y pronto, te vas a casa, vacaciones. Vas a recibir un regalo de Navidad de tus padres. Ustedes saben. Y todas esas cosas. Y vas a tomar algunos viajes, no vas a tener que estudiar. Y eso es muy feliz.

Por otro lado, tienes a tu tía ya mayor que tiene cáncer y el mundo no está mejorando. O quizás, hay cierta ansiedad en tu corazón porque estás apegado a alguien. Y te gustaría tener una relación que se desarrolle, pero él no está interesado en ti o lo que sea. Y así es la vida. Tú sabes, así es la vida. Y simplemente, vas equilibrándolo; y no estás lleno de temor y no estás lleno de tristeza, pero no estás lleno de gozo. Y en cierta manera, tienes tus momentos.

De pronto, ¿qué sucede? Muere tu tía mayor y te deja un patrimonio entero. Millones. Y la escala va ¡guau! del lado del gozo, ¿verdad? Estás lleno de gozo. Y pronto, el gozo se convierte en la influencia controladora. O, por otro lado, te has enamorado de alguien y te dejan y ¡guau! del otro lado de la tristeza… y el equilibrio, se acabó. Y no puedes mantenerlo y eres controlado por la influencia dominante de esa emoción.

Eso es lo que significa ser lleno del Espíritu. Significa ser dominado por la fuerza del poder del Espíritu Santo en tu vida de tal manera de que no hay… bueno, sé cómo quiero vivir mi pequeña vida cristiana. Un poco para ti, Espíritu, y un poco para mí. Y hago lo que quiero un par de horas; y después, Tú haces lo que quieres el domingo. Y después, quizás unos cuantos días durante la semana. Y vamos a manejar esto juntos. Y en cierta manera, vamos a mantener esto equilibrado.

Tristemente, eso es lo que la mayoría de los cristianos hacen. Ser lleno del Espíritu significa que la balanza se inclina de manera total en favor del Espíritu Santo. Él se convierte en la influencia controladora. Otro uso de esta palabra en los Evangelios es muy interesante, es el uso de la palabra *pleroo* para expresar el viento que llena las velas que mueven al barco.

Lo mismo sucede en tu vida. Cuando te vuelves totalmente influenciado por el Espíritu Santo, Él se convierte en la fuerza que te mueve. Él comienza a impulsarte en la dirección correcta. Él se convierte en la fuerza que llena las velas que mueven al barco.

Entonces, debes entender esto: posees el Espíritu Santo. Pero no necesariamente estás bajo la influencia dominante del Espíritu Santo en todo momento. Por lo tanto, no estás siendo impulsado por el Espíritu Santo como 2 Pedro 2:21 lo describe o el 1:21, todo el tiempo. Ser lleno del Espíritu es permitir que el Espíritu domine tu vida y te mueva en la dirección que Dios quiere que vayas.

Entonces, no tienes que pedir el Espíritu. Posees al Espíritu. No dejes que nadie venga y te diga que necesitas al Espíritu Santo. Que ores por el Espíritu Santo. No. Ya tienes al Espíritu Santo viviendo en ti. Necesitas estar totalmente controlado e influenciado por su poder. Es algo así como un Alka Seltzer, en un sentido, para darles una analogía. Si tienes un Alka Seltzer (comprimido efervescente), si quieres un Alka Seltzer, lo pones en un vaso con agua y mientras que está en la parte de abajo, no hace nada. Todo el poder está ahí. Toda la fuerza está ahí. Todo el valor está ahí. Todo está contenido en esa pequeña tableta, pero hasta que es disuelto en el resto del vaso y es colocado en partes iguales en toda el agua, no va a tener su impacto apropiado.

Lo mismo es con el Espíritu Santo. El poder está comprimido en el Espíritu Santo de Dios residiendo en la vida adentro del creyente. Pero para que sea eficaz, tiene que ser difundido en toda la vida del creyente. Y ese es esencialmente el punto. Otra manera de ilustrarlo sería tomar un guante. Si tengo un guante aquí y le digo a este guante: 'Muy bien, guante, toca el teclado por aquí adelante, guante. Simplemente, toca algo'. El guante no puede hacer eso. Simplemente va a quedarse ahí.

Un guante tiene cinco dedos, pero un guante no puede tocar el teclado. Ahora, si meto mi mano en el guante y tocó el teclado, ¿qué sucede? Caos, porque no puedo tocar muy bien. Pero para efectos de ilustración, el guante hace lo que hace mi mano. El guante no dice: 'Lo siento, dedo, no voy a cooperar'. No, no. Los guantes no hablan, simplemente hacen lo que hace tu mano. Lo mismo sería el caso en la vida de un creyente. Cuando me vuelvo totalmente influenciado por el Espíritu Santo y soy guiado por el Espíritu Santo, me vuelvo como un guante con el Espíritu de Dios siendo los dedos que mueven; y simplemente, estoy respondiendo y moviéndome bajo la motivación, la voluntad completa, la dirección del Espíritu de Dios.

Ahora, permítame profundizar en esto, entendiendo lo que es la vida llena del Espíritu a manera de analogía. Tomemos a Pedro. Todo el mundo ama a Pedro, el apóstol que se metió en problemas. Todo el mundo puede identificarse con él. Él se metió en problemas y todos lo amamos por eso. Pero Pedro tuvo algunas capacidades sorprendentes. Y creo que algunas veces, lo subestimamos. Déjenme ver si puedo tomar esto desde otro ángulo.

Pedro hizo algunas cosas absolutamente increíbles. Digo, quizás la más increíble fue que caminó sobre agua, ¿se acuerdan de eso? Recuerden el registro de Mateo capítulo 14, los discípulos están ahí afuera en una barca y la tormenta está arrojando la barca, y las tormentas pueden ser muy malas en el mar de Galilea, he estado ahí. Está rodeado de montes y entran vientos y agitan el agua. Y puede ser bastante duro en una pequeña barca. Y los discípulos tienen mucho, mucho miedo.

De pronto, ven a la distancia, y en el medio de esta tormenta, a Jesús caminando sobre el agua. Y Pedro, quien es intempestivo, sin pensar en lo que está haciendo, se arroja del barco y comienza a caminar hacia Jesús. Poco después, se da cuenta de lo que está haciendo. Y comienza a hundirse. El Señor lo levanta y los dos caminan de regreso a la barca.

Bueno, ustedes conocen a Pedro lo suficiente como para saber que los dos están acercándose a la barca. Y él tiene un gesto en su cara, ustedes saben, de casi como diciendo ¿qué les parece, señores? No está mal, ¿verdad? El poder hacer esto. Pero aquí está caminando sobre el agua. Por inepto que fue en algunas cosas, él estaba caminando sobre el agua. Y él hizo algunas cosas milagrosas.

En segundo lugar, él dijo algunas cosas milagrosas. En Mateo, capítulo 16, Jesús les dijo a los discípulos: "¿quién dicen los hombres que soy yo?" Y los discípulos dijeron: "Bueno, algunos dicen que tú eres Elías, Jeremías o uno de los profetas. Pero Jesús dijo: ¿quién dicen ustedes que yo soy? Y de la boca de Pedro sale: Tú eres el Cristo, el Hijo del Dios viviente".

Y estoy seguro de que él se puso la mano en su boca, '¿de dónde salió eso?' Porque Jesús le dijo: "Sangre y carne no te lo revelaron, sino mi Padre que está en los cielos". Dios abrió su boca y habló a través de su boca las palabras Tú eres el Cristo, el Hijo del Dios viviente. Este hombre humilde, Pedro, hizo cosas milagrosas y dijo cosas milagrosas.

No solo eso, él hubo valentía milagrosa. Me encanta en el huerto, en Juan 18 cuando los soldados vienen a arrestar a Jesús. Y entran marchando en el huerto. Y Pedro está ahí junto a Jesús. Y conforme se acercan a Jesús para arrestarlo, ¿se acuerdan de que Pedro saca su espada? Él quiere comenzar una revolución. Este es el acto inicial para comenzar una revolución. 'Vamos a pelear'. Se dirige a Malco, el siervo del sumo sacerdote y le corta la oreja. Sabes, él iba por su cabeza, el hombre simplemente se agachó y perdió su oreja. Esto es mucha valentía. Digo, él está viendo al destacamento romano entero mirándolo ahí directamente, cargados hasta los dientes de armamento. Él va a pelear contra el gobierno romano entero. Una valentía tremenda.

Ahora, ¿cuál es el común denominador? Le voy a decir cuál es el común denominador. Él caminó sobre agua cuando estaba junto a Jesucristo. Él dijo: Tú eres Jesucristo, el Hijo del Dios viviente cuando estaba de pie en la presencia de Jesucristo. Él tomó una espada y estaba listo para pelear contra todo el ejército romano, cuando estaba de pie junto a Jesucristo. El común denominador en la vida de Pedro es que, en la cercanía a Cristo, él encontró un poder tremendo, ¿verdad? Al estar cerca de Cristo, él encontró un poder tremendo.

Ahora, sigamos la historia de Pedro un poco más adelante. Tomaron a Jesús prisionero. A Pedro se le dice que guarde su espada. Si vives por ella, vas a morir por ella. Se llevaron a Jesús cautivo. Se lo llevaron a un juicio. Pedro está afuera, quizás a unos metros de distancia. ¿Se acuerdan calentándose a sí mismo en el fuego? ¿Y qué hizo tres veces? Negó a Cristo, ¿verdad? Cobardemente, perdió toda su valentía, todo su ánimo, toda su integridad, toda su credibilidad. Negó a su Cristo débil, vacilando. Él inclusive negó a Cristo frente a una pequeña niña sierva Y lo hizo con vulgaridad. Él maldijo. Realmente, muy diferente del hombre que acabamos de describir.

¿Cuál fue el problema? Él no estuvo cerca de Cristo. Cristo está por allá, Pedro está por acá y no hay poder. Ahora, sigan el pensamiento. La siguiente ocasión en la que vemos a Pedro es en el día de Pentecostés en nuestro pequeño escenario. Y en el día de Pentecostés, Jesús para este entonces ya está, ¿dónde?, está en el cielo. Nos hacemos la pregunta: ¿Si Pedro fue un cobarde a unos metros, ¿qué va a hacer con Jesús en el cielo? ¿Cómo va a hacer cuando el Señor esté totalmente fuera de la escena? Lo que es interesante es que, en Hechos, el capítulo 2, dice en el versículo 14 que él se puso de pie en el día de Pentecostés y predicó a Cristo. Predicó con denuedo, con valentía. Les dijo a los judíos que habían pecado al matar al Mesías. Y él predicó el Evangelio poderoso. Se convirtieron 3000 personas.

La próxima vez que lo vemos es en el capítulo 2. La próxima vez que lo vemos está en el templo. Y ahí está un hombre cojo. Y él dice: "Oro y plata no tengo, pero lo que tengo doy. Levántate y anda." ¿Y qué estamos viendo en Pedro de nuevo? Él tuvo el poder de hablar cosas maravillosas. Él tuvo el poder de hacer cosas maravillosas tales como el levantar a un hombre cojo. Él tuvo una valentía increíble, maravillosa. Lo llamaron al Sanedrín, lo arrastraron frente al Sanedrín. Le dijeron que dejara de predicar. Y él dijo: "Vosotros juzgáis si debemos agradar a Dios o a los hombres". Y salió y predicó a Cristo con más valentía.

Ahora, sigan el pensamiento. Todas las mismas cosas. Él dijo cosas poderosas. Él hizo cosas poderosas. Tuvo valentía poderosa. La diferencia es que Cristo está en el cielo. Dices tú, 'espera un momento. ¿De dónde obtuvo el recurso para eso?' Aquí está la respuesta, Hechos 2:4. "Y todos fueron llenos del Espíritu Santo".

Ahora, permítame llevar esto a una conclusión. Ser lleno del Espíritu Santo hizo que Pedro actuara de la misma manera que él actuó cuando Jesucristo estuvo en su presencia. ¿Cuál es la conclusión? Que la vida llena del Espíritu es vivir en la conciencia de la presencia y el poder de Cristo. Puede ser reducido a estar consciente de Cristo.

¿Cómo obtienes esto? Bueno, Colosenses 3:16 es el paralelo de Efesios 5:18 y dice que "La palabra de Cristo more en abundancia en vosotros". Conforme la Palabra mora en abundancia en ti, conforme te alimentas de la Palabra de Dios, conforme te saturas a ti mismo de las Escrituras, se convierte, por así decirlo, en la presencia de Cristo, porque es su Palabra. Es la palabra de Cristo y conforme la Palabra de Cristo te domina, el Espíritu te controla. Esa es la clave.

No hay nada místico. No te quedas ahí esperando que de alguna manera tengas alguna experiencia sobrenatural. Viviendo todo momento en la presencia consciente del Cristo que siempre está cerca es el punto. Y eso le sucede a la gente que está saturada de las Escrituras. Saturada de las Escrituras de tal manera que la Palabra de Cristo mora en ellos y Cristo está vivo y en real para ellos. Y su influencia se convierte en el elemento controlador en sus vidas.

La voluntad de Dios es que seas salvo. Y la voluntad de Dios es que seas lleno del Espíritu, lo cual significa que seas controlado por la influencia total del Espíritu, lo cual sucede cuando la Palabra de Cristo mora en ti de tal manera que vives en la conciencia de su presencia.

Permíteme darte un tercer principio. Esto es muy práctico. Primera de Tesalonicenses, capítulo 4, versículo 3. Ahora, no necesitas tropezar tratando de encontrar la voluntad de Dios, aquí está. "Porque esta es la voluntad de Dios". Ahora, ¿acaso eso es demasiado difícil? Bastante directo. Esta es la voluntad de Dios, vuestra santificación. La voluntad de Dios es que seas salvo, lleno del Espíritu, y ¿cuál es la tercera? Santificado. ¿Qué significa eso? Apartado del pecado… Apartado del pecado. Tu santificación, esa es la voluntad de Dios.

Ahora, él aquí te da cuatro principios de lo que él quiere decir. Principio número uno, ahí en el versículo 3: "Que os abstengáis de fornicación". Ese es el número uno. ¿Qué significa? Mantente alejado del pecado sexual. Mantente alejado del pecado sexual. Alguien pregunta qué tan alejado. Bastante alejado como para estar separado de él. La suficiente distancia como para mantenerte puro.

Entonces, ¿qué estás diciendo? ¿Estás diciendo que no puede darle la mano a mi novia, estás diciendo que no puedo abrazarla? ¿Estás diciendo que no puedo besar a mi novio? ¿Qué estás diciendo?

Lo que estoy diciendo no es algo negativo. Lo que estoy diciendo es algo positivo. Mantente alejado de la inmoralidad sexual. ¿Qué tan alejado? Tan alejado como para estar totalmente separado del pecado. Pablo dice en 1 Corintios 6:12: "Todas las cosas me son lícitas, pero no seré dominado por nada". No hay nada de malo con la epidermis de alguien. No hay nada malo con tocar la epidermis de alguien más científicamente. Si colocas tus labios en los labios de alguien más, eso en sí mismo es algo anatómico.

71

Pero lo que sucede dentro de ti no lo es. Y entonces, no debes hacer nada que te vaya a colocar bajo su poder. Entonces, él dice: mantente alejado del pecado sexual. ¿Qué tan alejado? Tan alejado como para mantenerte separado del pecado. Y tú sabes, tú sabes cuando puedes hacer cosas que son una expresión apropiada de amor que no es pecaminoso y cuando haces cosas que te llevan por el camino del pecado.

Segundo principio, versículo 4, "que cada uno de vosotros sepa cómo poseer su propio vaso en santificación y honor". Ahí hay un debate que se discute con frecuencia acerca de lo que significa la palabra vaso. Yo lo tomo como cuerpo. No voy a tomar el tiempo para defender todo eso. Es suficiente decir, por el momento, que el segundo principio es: controla tu cuerpo. Debes saber cómo poseer, controlar tu cuerpo con el propósito de mantenerte en santificación y honor. Controla tu cuerpo. Como puedes ver, Pablo sabe que este es el problema. El problema en la santificación es uno, mantenerte alejado del pecado sexual. Y dos, mantener tu cuerpo bajo control.

Primera de Corintios 9:27, Pablo dice: "sino que golpeo mi cuerpo y lo pongo en servidumbre". Hago que tenga un ojo negro, él usa la palabra golpear. Le pego en el rostro. Golpeo mi cuerpo para mantenerlo bajo control. Él aquí está hablando de actos externos. No hago nada con mi cuerpo de alguna manera vaya a deshonrar a Dios.

Después de todo, Primera de Corintios 6:17, el que está unido al Señor es un espíritu. Entonces, lo que hago con mi cuerpo, estoy uniendo a Cristo a eso. Esa es la razón por la que Pablo dice que, si te unes a una ramera, has unido a Cristo a la ramera. En lo que te involucres, tú involucras a Cristo porque eres uno con Él.

Entonces, controlo mi cuerpo, dice Pablo. Esto es santificación. Dios quiere que mantengas tu cuerpo bajo control para cumplir con el propósito de la santificación y el honor.

En tercer lugar, y podríamos hablar más de los detalles de estas cosas, pero no tenemos tiempo esta mañana, en tercer lugar, versículo 5: somete tus pasiones "no en pasión de concupiscencia, como los gentiles que no conocen a Dios". Tienes que controlar tu pasión.

Ahora, el control de tu cuerpo es exterior. El control de tu pasión, es interior. Tú controlas tu cuerpo, no dejes que tu cuerpo haga cosas que te llevan a pecar. Tú controlas tus pasiones al no dejar que tu mente vea, oiga y contemple cosas que te llevan a pecar. Tú controlas el cuerpo al controlar la mente. Tú controlas la imaginación.

04_Conociendo la voluntad de Dios

Santiago dice: la concupiscencia cuando concibe en la imaginación, da luz al pecado.

Entonces, Pablo dice, 'la voluntad de Dios es que seas santificado'. Y después, el cuarto principio que él da en el versículo 6: "que ninguno agravie ni engañe en nada a su hermano". ¿Qué quiere decir con eso? No te aproveches de otras personas. Una cosa acerca del pecado sexual es que toma a alguien más para la mayoría de la gente para cumplir sus fantasías o sus concupiscencias. Y el punto que él está presentando aquí es que, si tú sigues tus deseos corporales y tus pasiones, vas a terminar defraudando a alguien más. Alguna otra mujer u hombre. Si estás buscando el camino del pecado sexual, vas a terminar defraudando a alguien más. Controla tu cuerpo, sujeta tus pasiones.

Apenas la semana pasada me contaron de un pastor que fue arrestado la semana pasada, un pastor de una iglesia no en esta área. Porque él violó a una mujer a las 9:30 de la mañana en el centro comercial frente a seis testigos. Y fueron a su auto después de arrestarlo y sacaron su portafolios y adentro del portafolios había una Biblia y muchas imágenes pornográficas. Si no controlas tu pasión, no va a pasar mucho tiempo antes de que no puedas controlar tu cuerpo; y después, vas a violar a alguien… Así de lejos has llegado cuando a las 9:30 de la mañana en un centro comercial frente a seis testigos, fuera de control más allá de lo que podemos imaginarnos.

Usted dice: "Bueno, estas son reglas bastante difíciles. Digo, mantente alejado de pecados actuales, controla tu cuerpo, sujeta tus pasiones, no te aproveches de otros. Eso no es lo que el mundo está diciendo". ¿Qué es lo que el mundo está diciendo? El mundo está diciendo: disfruta del pecado sexual, deja que tu cuerpo te guíe a donde quieres, deja que tus pasiones estén fuera de control y agarra a quien esté cerca y disfrútalo. Eso es exactamente lo opuesto. Y alguien dice: 'Bueno, no sé si me gustan estas reglas'. Bueno, el versículo 8 fue escrito para aquellos a quienes no les gustan estas reglas. "Como consecuencia, el que rechaza esto no está rechazando al hombre, sino a Dios, quien nos ha dado su Espíritu Santo".

Hombre, si tú rechazas esto, no estás rechazando algún sistema inventado por hombres, estás rechazando al Dios quien te dio a su Espíritu Santo como la fuente de poder para darte fortaleza para evitar estos pecados. El versículo 7 repite el principio: "Dios no nos ha llamado a impureza, sino a santificación".

Ahora, permítanme darles algunas ideas prácticas a partir de esto, ¿muy bien? Podría darles más puntos, pero voy a terminar en este punto. Es la voluntad de Dios en 1 Pedro 2 que seas sumiso. Es la voluntad de Dios en 1 Pedro 4 que estés sufriendo porque tú eres un evangelista eficaz. Pero tomemos únicamente estas tres cosas, ¿muy bien? Salvo, lleno del Espíritu y santificado. ¿Muy bien? Esa es la voluntad de Dios para tu vida.

Ahora, déjeme darles algo que va a llevar esto a su conclusión. Dices: 'espera un momento. No me dijiste nada acerca de lo que quiero saber. Quiero saber con quién me caso, qué hago, quiero saber acerca del próximo semestre, quiero saber esto y quiero saber aquello. ¿Cómo puedo conocer estos detalles que no están en la Biblia?'¿Están listos para escuchar esto? Escuchen esto, este es un versículo que realmente deben aprender a amar. Se los voy a leer. Salmo 37, versículo 4. Escuchen lo que dice: "deléitate así mismo en Jehová y Él te dará los deseos de tu corazón. Encomienda a Jehová tu camino, confía en Él y Él lo hará."

Ahora escuche esto. Deléitate en Jehová y Él te dará los deseos de tu corazón. Ahora, permíteme hacerte una pregunta. Si soy salvo, si estoy controlado por el Espíritu y si estoy santificado, ¿me estoy deleitando en el Señor? Claro. Claro. Y si estoy deleitándome en el Señor, Él me dará los deseos de mi corazón. ¿Sabes lo que eso significa? Eso no significa que Él me dará lo que yo quiero simplemente. Significa que Él me hará querer lo que Él quiere para mí. ¿Escuchaste eso? Él me dará los deseos de mi corazón. Él me dará sus deseos.

Dices: '¿adónde vas con esto?' Simplemente esto: si soy salvo, si estoy lleno del Espíritu, estoy santificado, ¿sabes cuál es la voluntad de Dios? ¿Sabes cuál es? Lo que tú quieras. Dices, 'espera un momento, ¿lo que yo quiera? ¿Lo que yo quiera es la voluntad de Dios?' Sí. ¿Porque quién está controlando tus deseos?

La gente con frecuencia dice: ¿Por qué te fuiste a Grace Community Church? Y a lo largo de los años, he dicho: "Porque quise". "¿Quisiste? ¿Cómo supiste que era la voluntad de Dios?" "Porque quise; y yo creo que, si me deleito en el Señor, Él me dará los deseos de mi corazón". Dios puede moverte conforme vas caminando.

En una ocasión, se me acercó Marty Wolfe y él dijo: "No sé a dónde Dios quiere que yo vaya a servir como misionero". Y yo le contesté: "Bueno, Marty, dime lo que harías si tú pudieras escoger". Él dijo:

"Bueno, soy judío, un judío convertido. Hablo francés bien. Si yo pudiera escoger, yo me iría a París como misionero a los judíos en París". Hay una población enorme de judíos. Y yo le dije: "Marty, ¿eres salvo?" "Sí, hermano". "¿Lleno del Espíritu?" "Sí, hasta donde yo sé, estoy caminando en el Espíritu, Él es la influencia de mi vida, estoy en la Palabra". "Santificado, viviendo una vida pura, manteniéndote alejado del pecado sexual, controlando tu cuerpo, tus concupiscencias, no defraudando a los demás, ¿todo está bien en tu vida?" "Sí". "¿Quieres irte a Francia? Adiós". Llegó al Comité de misiones, levantamos el dinero para tener un letrero: "Marty Wolfe se va a Francia".

Seis meses después, él terminó en Montreal, Canadá. Preguntas: "¿Qué? ¿Qué está haciendo él en Montreal?" Hay judíos que hablan francés en Montreal. Él tuvo la idea correcta, el Señor tuvo otra ciudad. Eso es todo. Fue fácil, el Señor simplemente lo desvió. Como pueden ver, una vez que él estaba avanzando, siguió deseo de su corazón. Como pueden ver, es igual con un anciano en una iglesia.

Primera de Timoteo 3:1 dice: "Si alguno anhela obispado, buena obra desea". ¿Cómo puede ser llamado al ministerio por un deseo del corazón? Es el grito de tu corazón que quiere hacer esto si tu vida está bien. Entonces, cuando estás buscando la voluntad de Dios para el próximo semestre, o al compañero de tu vida o lo que puedas hacer en el servicio cristiano, debes asegurarte de que los elementos conocidos de la voluntad de Dios están bien. De lo contrario, nunca encontrarás lo desconocido, ¿verdad? Digo, si no eres cristiano, simplemente estás jugando un juego. O si no estás permitiendo que el Espíritu de Dios controle tu vida, estando saturado por la Palabra y no estás viviendo una vida apartada, santificada y pura, realmente no tienes muchas posibilidades de encontrar la parte desconocida de la voluntad de Dios. Pero si tu vida está bien, puedes seguir los deseos de tu corazón, porque habiéndote deleitado en Él, Él te dará los deseos de tu corazón.

Padre, gracias por nuestro tiempo en esta mañana, sé que el deseo de los corazones de estos jóvenes es estar en este lugar y estudiar aquí y servirte. Y oro, Señor, porque tú refines ese deseo. Que tú lo refines tan específicamente como tú quieras para cada vida individual y que tú les des a manera de su propia pasión, su propio anhelo, su propio deseo.

Pero, Señor, yo sé que no van a tener el deseo por tu voluntad acerca de esos aspectos desconocidos hasta que hayan comenzado a vivir en sus vidas las expresiones conocidas de tu voluntad. Oro porque si alguno aquí que todavía no ha sido salvo, que no ha llegado a conocer al Pastor verdadero, a seguirlo, para que sean salvos. Oro por aquellos que están andando en la carne y no en el Espíritu, aquellos que están satisfaciendo los deseos de la carne y no del Espíritu.

Oro por aquellos que no están siendo santificados y puros y apartados a la santidad y al honor. Señor, oro porque en toda vida pueda haber salvación y un poder por estar llenos del Espíritu y santificación. Y después, deleitándose en ti, ellos conozcan tus deseos porque tú se los darás. Pueden seguir su propio corazón conforme su propio corazón te sigue a ti al lugar perfecto de tu voluntad. Oro eso por toda persona, toda persona. Y te damos la gloria por lo que tú harás si somos fieles, en el nombre de Cristo. Amén.

05_Liberándote del pecado

Cuando llego a esta época del año y me enfoco de manera tan concentrada en la cruz de Cristo, se convierte en un tiempo de evaluación personal para mí. Espero que también lo sea para usted. Cuanto más me acerco a la cruz, más veo lo horrendo que es mi propio pecado. Cuanto más contemplo la muerte de Cristo y me doy cuenta de lo que Él hizo en esa cruz por mí, más odio lo que yo soy en mi estado caído.

Es tan fácil volverse tolerante de su pecado. Una de las cosas que tememos por ustedes como jóvenes —de hecho, quizás lo temo más que cualquier otra cosa fuera del hecho de que quizás realmente no sean salvos— es que durante los años de su juventud se acostumbren al pecado. Pueden hacerlo, como ustedes lo saben, porque los hábitos que están cultivando ahora en su vida serán muy difíciles de romper.

Es durante estos años en su vida que están desarrollando lo que el escritor de Hebreos llama "el pecado que nos asedia". Pecados que se convierten en su amigo. Pecados que se convierten en algo familiar a ustedes. Pecados que, en el futuro, van a descubrir que son casi imposibles de dejar. Pecados que se convertirán tan habituales que inclusive no se den cuenta de lo que son por lo que son; y son pecados que clavaron a Jesucristo en la cruz. Son los pecados por los que Él murió, por lo que Él les dio perdón; sin embargo, de manera ignorante y quizás deliberada, los pecados en los que quizás continuamos viviendo.

En Hebreos, capítulo 12, palabras conocidas, el escritor dice en el versículo 1: "despojémonos de todo peso y del pecado que nos asedia". Esa es una afirmación muy importante, jóvenes. Y quiero concentrarme en ella. Hay otra cosa que temo, que, si se les hace fácil desarrollar el pecado habitual aquí, ¿qué va a pasar cuando se vayan este verano? Los pecados que ya hayan cultivado, van hacer más fáciles de cometer cuando ya estén fuera del ambiente de la amistad cristiana, de la rendición de cuentas cristiana, de la enseñanza diaria de la Palabra de Dios, de las expectativas serias, de los mensajes de capilla, etcétera.

Como verán, es su naturaleza debido a que están en un estado caído igual que yo, como todos nosotros, el involucrarse fácilmente en el pecado. El ser asediados por el pecado. Eso es lo que dice. El pecado que nos asedia o que nos enreda de manera tan fácil. No es difícil que el pecado nos enrede, que se arraigue de una manera tan profunda en nuestras vidas que se vuelve habitual. No es difícil para el pecado hacer eso. Es fácil. Y normalmente, hay ciertos pecados con los que luchamos toda nuestra vida porque los cultivamos en nuestra juventud. Son los pecados que nos asedian con mayor facilidad los que quizás nos parecen más tolerables.

Y en términos generales, los que no nos asedian, en los que no nos enredamos con tanta facilidad, son los que condenamos con mayor facilidad en otras personas. Si vas a vivir la vida cristiana y correr la carrera con perseverancia, tienes que enfrentar los pecados que te asedian.

Permítanme ver si puedo ayudarles a entender por qué algunos pecados te asedian de una manera tan fácil.

En primer lugar, el pecado tiene gran poder debido a que tu carne no está redimida. Tu espíritu ha sido redimido. En el interior, eres una nueva criatura. Tu carne, no ha sido redimida. Y al usar la palabra carne, no solo quiero decir tu cuerpo físico. Quiero decir tu condición de humano, tanto la manera en la que actúas, las cosas que haces físicamente y la manera en la que piensas y sientes. Todo eso. La voluntad, la mente, la emoción. El cuerpo todavía es todo eso y el pecado tiene gran poder sobre tu carne no redimida. Hizo a Pablo decir: "Miserable de mí, ¿quién me librará de este cuerpo de muerte?" Él lo vio como un cadáver que estaba amarrado a él. Un cadáver que estaba en estado de putrefacción. Un cadáver en estado de descomposición. Gálatas 5:17 dice: "el deseo de la carne es contra el Espíritu y estos se oponen entre sí".

El pecado tiene gran poder en nuestras emociones. El pecado tiene gran poder sobre nuestras emociones. Tiene gran poder sobre nuestra voluntad. Tiene gran poder sobre nuestros deseos para mandarnos a hacer lo que está mal. Y hasta que nuestros cuerpos sean redimidos, tienes que entender que eres muy vulnerable.

Esa es la razón por la que la Biblia habla de mantenerte lo más alejado posible del pecado como puedas. Porque entra de una manera tan fácil en nuestra carne no redimida.

En segundo lugar, podría añadir, no solo tiene gran poder en nuestra carne, sino que está muy cercano. Como un enemigo, nos gustaría creer que está lejos y podemos verlo venir. Pero la realidad es que el pecado está muy cercano; de hecho, está en nosotros. Está en nosotros. Jeremías 13:23 dice: "¿Mudará el etíope su piel o el leopardo sus manchas?" Y la respuesta obvia es no. La conclusión, entonces, "tampoco vosotros podéis hacer bien estando habituados a hacer el mal". El pecado está en la profundidad de tu ser. El corazón, dice Jeremías, es engañoso más que todas las cosas y perverso.

Entonces, el pecado tiene gran poder sobre tu carne no redimida y está muy cercano. Inclusive, está dentro de ti. Pablo dice en Romanos 7: "el pecado que está en mí... Que está en mí". Nunca podrás huir de él, sea que estés en casa o sea que estés aislado o sea que estés en el medio de un grupo de personas como este, en un servicio enfocado en el Señor, en donde quiera que estés, el pecado está ahí. Tener las compañías correctas en el ambiente correcto te dará fortaleza para enfrentarlo, pero estará ahí.

Un tercer pensamiento, simplemente para profundizar nuestro entendimiento de por qué el pecado nos asedia es que el pecado no permanece separado. Esto quiere decir que está ahí, pero no es identificado de manera fácil. Alguien me preguntó hace algunos años atrás si yo predicaba sermones con un motivo puro. Y mi respuesta a esa pregunta fue: "No lo sé". Porque no sé. Me gustaría pensar que cada vez que me pongo a predicar la Palabra de Dios, lo hago con un motivo absolutamente puro, para glorificar a Dios y no con ningún otro motivo de llamar la atención a mí mismo o ganar una reputación o ganar respeto o ser alguien de quien se piensa como virtuoso santo o dotado. Me gustaría pensar que cada vez que predico, lo hago únicamente a partir de un motivo de glorificar a Dios. Y si mi preguntas, mi respuesta sería: "No lo sé", porque el pecado está tan enredado en lo que yo soy que no puedo separarlo. Es así de profundo en nuestro ser. Y afecta a ese grado.

No sé si yo he llegado a tener en algún punto en mi vida un motivo completa y absolutamente puro que duró por mucho tiempo porque el pecado no está separado de lo que yo soy. Infecta a todos mis deberes. Infecta a todos mis ministerios. Está enredado en todos mis motivos. Retarda y, de alguna manera, hiere todos mis propósitos y todas mis buenas intenciones. Inclusive, afecta los actos mismos de obediencia y adoración en los que me esfuerzo por expresarle a Dios. Inclusive, mis mejores esfuerzos, de alguna manera, están manchados. Pablo dice: "Veo esta ley o este principio, en Romanos 7:23, en guerra dentro de mí, luchando con la ley o el principio de mi mente y haciéndome un prisionero de la ley del pecado que está en mis miembros".

El pecado entonces es fuerte, dijimos en primer lugar. El pecado está cerca, en segundo lugar. Y, en tercer lugar, te enreda. Se mezcla. No podemos separarnos de él. Sin embargo, la Biblia nos dice aquí que debemos despojarnos del pecado que nos asedia. Efesios 4:22 lo dice de esta manera: "despojaos del viejo hombre, que está viciado conforme a los deseos engañosos". Pedro lo dijo de esta manera, "que os abstengáis de los deseos carnales que batallan contra el alma". Pablo en Romanos 6 dijo: "no dejéis que el pecado reine en vuestro cuerpo mortal para que obedezcáis sus concupiscencias".

Entonces, se nos manda a desenredarnos de algo que es poderoso, que está presente, que afecta a todo nuestro ser. ¿Cómo hacemos eso? Bueno, no es una batalla fácil y realmente creo que algunos de ustedes, no la están peleando muy bien. Y se están permitiendo el enredarse en mayor profundidad con el pecado. Aquí están ustedes en el ambiente correcto, aquí están ustedes con la rendición de cuentas potencial correcta, aquí están ustedes sentándose bajo el tipo de enseñanza correcta y el tipo de verdad correcta, pero no están aplicándola de manera apropiada. Están cultivando pecados. Y el día vendrá, les prometo, cuando mirarán hacia atrás y con gran tristeza de corazón dirán: ¿Por qué no enfrenté esto cuando era joven? Este es el momento.

Ahora, hay que reconocer dos cosas si vas a enfrentar el pecado que te asedia. Una, que el poder y la fortaleza para enfrentarlo es del Espíritu Santo. Es el poder del Espíritu. Pablo presenta eso de manera muy clara en Gálatas capítulo 5 cuando él habla de andar en el Espíritu y no satisfacer a los deseos de la carne. No es simplemente algo negativo. No significa que simplemente te sientas para tratar de descubrir el pecado y pisarlo. Significa que te preocupas con obedecer el Espíritu de Dios conforme su voluntad es expresada en la Palabra de Dios y en la motivación de la Palabra de Dios y en estar consumido de manera positiva con la obediencia.

Hallarás que el pecado tiene una manera entonces de desaparecer. Es la obra del Espíritu. Tú andas en el Espíritu y no satisfarás los deseos de la carne. Andar en el Espíritu significa permitir que la Palabra de Cristo domine tu pensamiento y andar en armonía con eso. Caminar en armonía con eso. Creo que simplemente podrías decir que

05_Liberándote del pecado

a lo que se reduce es a la necesidad de colocar la Palabra de Dios en tu corazón. Dejar que la Palabra de Cristo more en abundancia en ti.

Permítame sugerirte que, si no has desarrollado en tu propia vida un compromiso con memorizar las Escrituras, ahora es el momento de hacerlo. Necesitas comenzar a colocar la Palabra de Dios en tu vida. David lo dijo: "En mi corazón he guardado tus dichos para no pecar contra ti. ¿Con qué limpiará el joven su camino? Con guardar Tu palabra". Y como resultado de eso, el versículo 9 del Salmo 119, él dice en el versículo 11: "En mi corazón he guardado tus dichos para no pecar contra ti."

Digo, eso es lo que han hecho grandes cristianos. Han colocado la Palabra de Dios en sus corazones de tal manera que literalmente se encuentran cediendo a la aplicación del Espíritu Santo de esa Palabra. La Palabra es lo que nos separa del pecado, lo que nos protege contra la tentación.

Pablo memorizó las Escrituras. El apóstol Pablo. No hay ningún truco mágico. No fue una especie de secreto sobrenatural que él conoció y que nadie más conoció que lo hizo un gran cristiano. Él escondió la Palabra de Dios en su corazón. Escuche Hechos 17:3. Pablo, como era su costumbre, fue al día de reposo. Ahora, sigue esto, "declarando y exponiendo por medio de las Escrituras, que era necesario que el Cristo padeciese, y resucitase de los muertos". Literalmente, cuando dice declarando y exponiendo, el griego dice "abriendo y colocando frente a ellos la evidencia".

¿Qué significa eso? Bueno, él les estaba mostrando la evidencia. ¿Qué evidencia? Evidencia en el Antiguo Testamento de que el Mesías tenía que morir, tenía que sufrir, tenía que ser crucificado. ¿En dónde está esa evidencia en el Antiguo Testamento? Bueno, en un lugar está en Isaías 53, ¿no es cierto? Inclusive, lo puedes encontrar desde Génesis 3:15. Lo encuentras en el sistema sacrificial, donde todos los retratos de Cristo son tomados en los corderos del sacrificio que fueron ofrecidos. Encuentras en sufrimiento del Mesías en varios lugares en los Salmos como el Salmo 22, que describe su crucifixión.

El punto es este: el apóstol Pablo se puso ahí de pie como era su costumbre en el día de reposo, enfrente del pueblo judío y razonó con ellos a partir del Antiguo Testamento con respecto a la necesidad de la muerte de Cristo. Y él no tuvo un rollo en su mano. Él lo tuvo en su corazón. Créeme, no estaba desenrollando rollos por todos lados.

Él estaba razonando con ellos a partir de las Escrituras, las cuales sin duda alguna estaban en su propia memoria. Créanme.

Pablo memorizó las Escrituras y esa fue la fortaleza de su ministerio. Fue un ministerio bíblico. Si regresas a Hechos, capítulo 2 y escuchas a Pedro predicando el gran sermón que él predicó en el día de Pentecostés, sabes que Pedro memorizó las Escrituras también, porque él cita a grandes secciones de las Escrituras en ese sermón de Pentecostés comenzando en el versículo 14. Si ves en tu Biblia y ves las citas que están ahí, tomadas directamente del Antiguo Testamento, sabrás que Pedro pudo usar las Escrituras porque él las tenía en su memoria. No es solo nada más por memorizar, sino para proclamar por causa de la pureza.

También, creo que Timoteo y Tito y otros apóstoles y otros hombres de Dios como Apolos, que era poderoso en las Escrituras del Antiguo Testamento y Bernabé, el hijo de la consolación y muchos otros de los héroes del Nuevo Testamento, memorizaron las Escrituras.

Si regresas al Antiguo Testamento y ves el libro de Proverbios, los primeros capítulos de Proverbios, capítulo 2, capítulo 4, capítulo 6 hasta el capítulo 7, hay un clamor constante para la memorización de la verdad y principios revelados por Dios.

Josué, capítulo 1, versículo 8 dice que necesitas meditar en la Palabra de Dios día y noche; y si haces eso, harás prosperar tu camino y tendrás buen éxito. Deuteronomio capítulo 6 dice que debes hablar de las cosas reveladas de Dios cuando te sientes, te levantes, cuando te acuestes y andes por el camino. Debe ser la parte más familiar de tu conversación. Santiago 1:21 dice: "recibid con mansedumbre la palabra implantada, la cual puede salvar vuestras almas".

Es una parte absolutamente vital de la vida espiritual si voy a enfrentar el pecado que me asedia, colocar la Palabra de Dios en operación en mi vida. Se convierte en el agente mediante el cual el Espíritu de Dios me da dirección. Escuche Proverbios 22:17-21: "Inclina tu oído y oye las palabras de los sabios, y aplica tu corazón a mi sabiduría porque es cosa deliciosa, si las guardas dentro de ti, si juntamente se afirmaren sobre tus labios. Para que tu confianza en Jehová, te las he hecho saber hoy a ti. ¿No te he escrito tres veces cosas en consejos y en ciencia, para hacerte saber la certidumbre de las palabras de verdad, a fin de que puedas vuelvas al llevar palabras de verdad a los que te enviaron?".

En otras palabras, así es como vives tu vida. La verdad está disponible. Tómala, almacénala, y será un recurso para los asuntos espirituales de la vida. Entonces, necesitamos reconocer que, si vamos a enfrentar el pecado, en primer lugar, que va a ser la obra del Espíritu. Y el Espíritu usa la Palabra. Y si no estoy involucrado en colocar la Palabra de Dios en operación en mi vida aprendiéndola, memorizándola, entendiéndola y explicándola, nunca voy a enfrentar el pecado que me asedia. Si voy a cultivar actos de injusticia con los que voy a luchar toda mi vida, de esta manera, perderé poder y ministerio potenciales, como también gozo.

Ahora, permítame avanzar a un segundo componente. El Espíritu Santo tiene una parte, pero también tú la tienes. Digo, es necesario que también reconozcamos unas cuantas cosas. Permítame darte algunas de ellas. Uno, no subestimes la seriedad de su pecado. Creo que este es el error inicial que los cristianos cometen. No piensan que el pecado realmente es tan malo como es. No subestimes la seriedad de tu pecado. El pecado que te asedia es serio porque todo pecado es serio. Es tan serio, si sigues leyendo a lo largo de Hebreos 12, descubrirás que el Señor te va a disciplinar por cada pecado. Él va a azotar a todo hijo a quien Él ama porque Él quiere deshacerse de todo pecado. No lo subestimes. Roba tu gozo, destruye la fidelidad, te roba de la paz, te hace inútil en el servicio a Cristo, limita tus respuestas a la oración, trae disciplina en el Señor, es mortal, es algo serio.

Sé que cuando eres joven piensas que puede salirte con la tuya con el pecado, puedes hacer concesiones con tu novio o con tu novia. Puedes involucrarte bebiendo alcohol y perdiendo el control de tus sentidos. Puedes hacer concesiones al hacer trampa en sus exámenes. Puedes tener anotadas las respuestas del examen. Puedes por encima del hombro de alguien. Puedes pensar que eso es algo pequeño. Fue eso lo que colocó a Cristo en la cruz. Fue eso lo que te llevaría al infierno si no fuera por Cristo.

El día 17 de agosto de 1662 en Inglaterra, se implementó lo que fue llamado el Acto de Conformidad, una de las marcas negras en la historia europea e inglesa. El Acto de Conformidad fue un Acto prácticamente que prohibía a cualquier predicador en cualquier púlpito de ser un no conformista. Esto es, no conformarse con la religión del estado. Y hubo muchos predicadores no conformistas. Conocemos a muchos de ellos en la actualidad como puritanos.

En este último día, el día en el que eso se implementó y el último día en el que los predicadores no conformistas podían predicar, todos predicaron sermones de despedida en todas sus iglesias. Fue un día terrible. Los predicadores por toda Inglaterra se pusieron de pie para decirle adiós a sus congregaciones. Algunos de ellos, murieron como mártires. Algunos de ellos, fueron enviados por barco a otras naciones y nunca regresaron para ver a sus congregaciones y a sus familias. Ciento de familias fueron divididas. Hay un libro titulado Sermones de Despedida que registra un par de docenas de esos sermones.

Uno de ellos fue predicado por un hombre llamado Calimy. Él se puso de pie en su congregación y el último día, se le permitió predicarles antes de su exilio por predicar la Palabra de Dios. Él dijo esto: "Hay más maldad en el menor de los pecados que en la calamidad externa más grande". En la cita. Esa fue una afirmación profunda. Él les estaba diciendo: "¿Ustedes creen que es algo terrible que estoy siendo quitado de mi púlpito? Ustedes creen que terrible que estoy siendo expulsado de mi país y alejado de mi familia y exiliado. Permítanme decirles algo, estoy preocupado por esto, y ustedes lo saben. Por muy severa que es esta calamidad, hay más maldad en el menor de los pecados que en la calamidad más grande". Una calamidad no es un pecado. Vemos algo que es una calamidad y pensamos que eso es algo serio. No lo es. Ves al huracán Andrew. Ves a un choque de avión. Ves el martirio de un misionero como el del que escuchamos esta mañana y pensamos que eso es algo terrible, que eso es algo severo. No, eso no es un pecado. Que un misionero muera no es un pecado. Eso es transportarlo al cielo. Que el huracán en sí mismo venga no es un pecado. Que un choque de aviones en sí mismo, no es un pecado. Y Calimy tuvo razón cuando dijo: "El menor de los pecados en tu vida tiene más maldad que la peor calamidad".

Y después, él procedió a decir: "El menor de los pecados en tu vida es más malo que la peor miseria, porque el pecado deshonra a Dios, abusa de la misericordia, menosprecia la gracia, presume del perdón, contamina el servicio de adoración y la comunión".

En segundo lugar, conforme ves tu parte en enfrentar el pecado, no solo reconoces la seriedad del pecado y no te engañes pensando que es aceptable, sino que, en segundo lugar, determina fuertemente no pecar. Y hazle esa promesa a Dios.

¿Alguna vez le has dicho eso a Dios? Te quiero decir, "no quiero pecar, determino en mi corazón no pecar". Si no estás dispuesto a decir estas palabras al Señor, entonces es claro que estás aferrándote al pecado que te asedia y no quieres dejarlo. Y no quieres decirle a Dios eso porque es bastante malo ser un pecador sin ser un hipócrita.

¿Estás dispuesto realmente a decirle: "Determino en mi corazón a no pecar en este día, aquí, en este momento y diariamente? ¿Determino en mi corazón no pecar? El salmista lo dijo en el Salmo 119:106: "Juré y ratifiqué que guardaré tus justos juicios". No vas a poder hacerlo de manera perfecta, pero por lo menos, el corazón dispuesto es expresado. Y si no tienes ese tipo de corazón dispuesto, entonces estás disfrutando tu pecado. El Salmo 119:32-33: "Por el camino de tus mandamientos correré, cuando ensanches mi corazón. Enséñame, oh Jehová, el camino de tus estatutos, y lo guardaré hasta el fin". El puritano Thomas Mantin escribió: "Pecar contra la luz de nuestra propia conciencia y la iluminación del Espíritu Santo y la instrucción que nos disciplina en nuestras mentes, eso agrava nuestro pecado. Pero pecar en contra de nuestro propósito fijo de no pecar es más serio. Porque ahora, hemos añadido a nuestra debilidad una promesa mentirosa, hipócrita".

En tercer lugar, cuídate del movimiento sutil del pecado. Y lo que quiero decir con esto es "sospecha de tu propia espiritualidad". Sospecha de tu propia espiritualidad. ¿Crees que eres fuerte? Cuidado, porque cuando crees que lo eres, eres bébil. "Así que el que piensa estar firme, mire que no caiga". Esa es la razón por la que dice en el Antiguo Testamento acerca de Job, que él hizo pacto con sus ojos. Él no confió en sus ojos. Él dijo: "Hice pacto con mis ojos, ¿cómo pues yo miraré a una virgen?" ¿Cómo puedo yo ver con una mirada con lujuria si hice un pacto con mis ojos a no mirar? Cuidado con la sutileza del pecado. Sospecha de tu supuesta espiritualidad.

Permíteme darte otro principio. Número cuatro: arrepiéntete inmediatamente después de que pecas. Arrepiéntete inmediatamente. Después de que el gallo cantó la tercera vez, ¿qué dice? Pedro salió y, ¿qué?, lloró amargamente. Inmediatamente después de que se dio cuenta de su pecado, él lloró en arrepentimiento. Si vas a enfrentar el pecado que te asedia, va a demandar un esfuerzo muy, muy fuerte de tu parte. Entiende la seriedad del pecado. Entiende su sutileza, enfréntalo inmediatamente cuando te pega, arrepiéntete inmediatamente.

Y otro pensamiento: ora continuamente por ayuda divina. Entrégate a la oración, dijo Pablo, manteniéndote alerta en ella, Colosenses 4. Si entiendo la seriedad del pecado, si voy a hacerle promesas a Dios honestamente, diariamente de no pecar, y le voy a rogar por la fortaleza por guardar la promesa, voy a estar alerta a las sutilezas del pecado. Y si voy a arrepentirme inmediatamente después de pecar, voy a comenzar a cultivar un odio hacia el pecado. Voy a comenzar a cultivar un patrón de obediencia.

Y no les estoy diciendo estas cosas de esta mañana porque quiero golpearlos. Les estoy diciendo esto porque quiero mantenerlos alejados de la tristeza que todos nosotros alcanzamos a mi edad en la vida cuando miramos hacia atrás y decimos, ¿por qué llegué a permitir que ciertas debilidades se cultivaran cuando era joven? Si no odias los pecados ahora, aprenderás a odiarlos, porque una vez que se vuelven pecados que te asedian o que te enredan, simplemente se aferran a tu vida continuamente de una manera que te debilita.

Ahora es el momento, jóvenes, de ser honestos delante del Señor con estos pecados que los asedian y enfrentarlos. No por causa de la reputación del Master's College, no tanto por causa de la reputación de tu propia iglesia, no tanto por causa de asegurarse que sean prósperos y exitosos, aunque ese es un componente, sino por causa de ser todo lo que Dios quiere que sean. ¿Por qué quieres ser algo menos que eso? ¿Crees que, en últimas, vas a encontrar placer en violar la ley de Dios, en violar los principios de Dios? ¿Crees que, de alguna manera, a pesar de lo que Dios dice, tienes una mejor manera de hacer las cosas?

El Señor dice: "Obedéceme y te bendeciré". ¿Pero tú descubriste otra manera por ti mismo y si pecas, va a disfrutar más de la vida? Digo, realmente no quieres creer esa mentira de Satanás, ¿verdad? Ahora es el momento para que nos despojemos de los pecados que nos asedian.

Y voy a orar por ustedes ahora, como siempre lo hago; y voy a orar por ustedes a lo largo del verano, para que, conforme pasa el tiempo en el verano, el Señor les dé la fortaleza para andar en el Espíritu porque están meditando la Palabra todo el tiempo. Están memorizando la Palabra, están aprendiendo la Palabra y están reconociendo la seriedad de su pecado. Están haciendo pactos con el Señor regularmente para evitar el pecado. Su arrepentimiento es instantáneo. Están atentos a las sutilezas serias del pecado y están buscando la ayuda de Dios en la oración constante para que puedan triunfar sobre la carne y la tentación.

Todo eso, para que puedan ser todo lo que Dios quiere que sean, para que puedan conocer la totalidad de la bendición.

Padre, te damos gracias en esta mañana por esta capilla maravillosa. Te damos gracias por el recordatorio de la muerte de nuestro Señor Jesucristo en la cruz, el precio que le costó pagar por nosotros como el Cordero de Dios quien quitó el pecado del mundo. Y Señor, no podemos aferrarnos a aquello que lo clavó ahí. Pecados pequeños que pensamos que no son tan serios, pero en realidad, fueron lo suficiente como para hacer que Cristo tuviera que sufrir en la cruz, lo suficiente como para enviarnos a un infierno eterno. Danos un odio santo hacia el pecado, no solo pecado en otros sino pecado en nosotros. Y que nos despojemos del pecado, que nos enreda con tanta facilidad y que corramos la carrera, puestos los ojos en Jesús, el autor y consumador de nuestra fe, quien por el gozo que fue puesto delante de Él soportó la cruz por nosotros. Oramos en su nombre maravilloso. Amén.

06_Buscando sabiduría divina

¿Qué es lo que significa realmente estar preparado académicamente? ¿Es la Universidad en sí misma, la educación de posgrado, lo que realmente educa a una persona? ¿Qué es lo que debes conocer sobre cualquier otra cosa? ¿Qué es lo más importante que debes conocer? ¿Qué es lo más necesario?

Creo que ustedes conocen la respuesta a eso, porque la Biblia de manera clara dice: "En todo tu aprendizaje obtén", ¿qué?, "sabiduría". Sabiduría. Sabiduría espiritual.

Quiero que abran sus Biblias en el libro de Proverbios y por un momento en esta mañana quiero hablarles acerca de la sabiduría. Hace algunos años atrás tuve un grupo de discipulado muy interesante. A lo largo de los años, he discipulado hombres. Tuve un grupo que era un grupo mixto. Tuve un hombre tenía el récord mundial de ski acuático de velocidad. Tuve a otro hombre en mi grupo de discipulado, el mismo grupo, que era productor de películas. Y otro que era defensa para los L.A. Kings (equipo profesional de hockey sobre hielo de los Estados Unidos situado en Los Ángeles, California). Y otros hombres comunes y corrientes como yo.

Y estábamos hablando de lo que íbamos a estudiar durante un año al estudiar la Palabra de Dios. Y el consenso de todos estos hombres era que queríamos aprender el libro de Proverbios, porque queríamos aprender sabiduría. La sabiduría se aplica a todo en nuestras vidas; y eso es exactamente lo que hicimos. Y tuvimos un año absolutamente maravilloso estudiando el libro de Proverbios, aprendiendo sabiduría.

Quiero que vean, en primer lugar, el capítulo 2 simplemente para darles un contexto con respecto a la sabiduría. Versículos 1-5: "Hijo mío, si recibieres mis palabras, y mis mandamientos guardares dentro de ti, haciendo estar atento tu oído a la sabiduría; si inclinares tu corazón a la prudencia, si clamares a la inteligencia, y a la prudencia dieres tu voz; si como a la plata la buscares, y la escudriñares como a tesoros, entonces entenderás el temor de Jehová, y hallarás el conocimiento de Dios".

La búsqueda de la sabiduría. Tienes que buscarla como plata, como tesoros escondidos. Si comparas eso con el capítulo en Job; Job tiene un capítulo interesante en donde él explica el proceso de las minas. Quizás no pienses en eso en el período patriarcal, en el tiempo del Pentateuco, en los primeros cinco libros de la Biblia cuando Job habría vivido y el libro de Job habría sido escrito, que no estaban escarbando en la tierra, pero lo estaban haciendo. Estaban entrando con dinamita. Estaban entrando en las profundidades de la superficie de la tierra, dice Job, en donde inclusive el ojo de águila nunca ha ido. Entrando a las profundidades del vientre de la tierra, en las profundidades debajo de las aguas, las aguas en la superficie y las aguas de la tierra para sacar diamante y oro y plata. Y en Job dice que hacen eso para encontrar tesoro terrenal, pero nadie puede encontrar sabiduría.

Y aquí dice, "si vas a encontrar algo, encuentra sabiduría". Escucha. Si quieres escuchar algo, escucha sabiduría. Inclina tu corazón a la sabiduría, ruega por discernimiento y levanta tu voz por entendimiento. Él sigue hasta el capítulo 2 para exaltar las virtudes de la sabiduría y pueden leerlo.

Pero observe el capítulo 8 por un momento. Y tienes un capítulo parecido. De hecho, el capítulo octavo entero realmente exalta de nuevo la sabiduría. Presenta a la sabiduría casi como a una persona. Pero de nuevo, presenta el mismo énfasis en el capítulo 8 para presentar la importancia de la sabiduría. De hecho, pasa al versículo 11, simplemente lo resume ahí: "Porque mejor es la sabiduría que las piedras preciosas; y todo cuanto se puede desear, no es de compararse con ella". Lo más importante que jamás adquirirás, es la sabiduría.

Eso nos lleva inmediatamente a hacer la pregunta, ¿qué es la sabiduría? En griego, la palabra en el Nuevo Testamento para sabiduría en el idioma griego es *sophia*. Y *sophia* para un griego significaba un concepto: ser sabio para un griego significaba entender un concepto. Poder comprender algo, analizar algo, pensar en algo. Llegar a entender algo.

Esa no es la palabra en el hebreo. En la palabra en hebreo, *chakamy*, lo que significa es capacidad para vivir. Los hebreos son muy concretos en términos de su lenguaje y cómo piensan. Los griegos, son más bien esotéricos, místicos y algo trascendentes en sus pensamientos.

Y entonces, tienes estos términos conceptuales en el griego, pero en el hebreo, tiene un significado muy concreto, capacitado en la vida, aprender cómo vivir con habilidad. Ese es el punto. ¿Quieres buscar algo? Busca el vivir con habilidad. Busca a la sabiduría en todo aspecto de la vida.

Ese es realmente el llamado del libro de Proverbios y lo puedes ver repetido en varios lugares. Simplemente, les recomendaría que leyeran Proverbios, capítulo 2 y capítulo 8. También pueden en el capítulo 1:21-23 en donde dice: "La sabiduría clama en las calles y la sabiduría ruega, y ruega, y ruega, y no escuchan y no oyen". Y dice: "oh, ingenuos son". Son personas que carecen de sabiduría. ¿Por qué no se vuelven a la sabiduría?

Si hay algo que debe apartar a universidad cristiana, algo que debe apartarnos a nosotros que estamos comprometidos con Jesucristo, debe ser que no solo estamos buscando el aprendizaje y el entendimiento de esos asuntos que se relacionan con nuestro universo creado, sino que estamos buscando estar capacitados en todo aspecto de la vida. Y esa capacidad viene de las Escrituras. De la Palabra de Dios. La sabiduría personificada en Dios encarnado en Cristo. Y Dios encarnado en Cristo, claro, es revelado verbalmente mediante las páginas de las Escrituras. Llegamos a las Escrituras, aprendemos sabiduría.

Ahora, lo que quiero compartir con ustedes son unas cuantas lecciones que la sabiduría quiere enseñarles, ¿muy bien? Vamos a tomar unos cuantos minutos. Vamos a ver cuánto tiempo tengo. No sé cuántas pueda cubrir. Aquí están los factores más importantes de la sabiduría. Cuando obtienes sabiduría, esto es lo que debe buscar. Y hay muchas cosas, hay muchas áreas que nos podrían ayudar para estar capacitados en la vida. Pero tomemos las más importantes.

En primer lugar, el punto número uno, lo más importante en adquirir sabiduría es temer a Dios. Temer a Dios. ¿Cómo sabes eso? De regreso en el capítulo 1, versículo 7 leemos esto: "El principio de la sabiduría es el temor de Jehová; los insensatos desprecian la sabiduría y la enseñanza". "El temor de Jehová es el principio de la sabiduría", Proverbios 9:10. El temor de Jehová es el principio de la sabiduría. Y el conocimiento del Santo es el entendimiento verdadero. El principio, esto quiere decir lo primero, lo más esencial. El principio controlador en la sabiduría es el conocimiento del Santo. El conocimiento del Santo. Conocer a Dios. Llegar a conocer a Dios. Una relación con

Dios la cual, como hemos estado cantando, se nos ofrece mediante el Señor Jesucristo.

Y después, habiendo conocido a Dios, debemos temer a Dios. Eso significa tener una reverencia a Dios. Asombrarnos de Él, respetarlo, hacer exactamente lo que estábamos haciendo esta mañana en nuestras canciones. Y eso es adorar a Dios. Aquellos de nosotros que somos padres espirituales, que somos responsables por criar a una generación de jóvenes piadosos, seamos padres o profesores de universidad o líderes de universidad o presidentes de universidad o pastores o maestros, o simplemente aquellos que influenciamos a nivel personal, tenemos la responsabilidad de enseñarle a la siguiente generación cómo vivir con respecto hacia Dios. Ese es el punto. Vivir con respeto hacia Dios como Santo, como soberano.

Todas estas cosas que cantamos son parte y la médula de entender quién es Dios. Obviamente, vivimos en un clima en el que Dios es absolutamente rechazado, los campus universitarios están llenos de personas que están inmersas en el ateísmo, materialista, naturalista, evolucionista. No quieren tener nada que ver con Dios. No quieren a Dios en la creación. No quieren a Dios en la moralidad. No quieren a Dios en ningún punto en su mundo. Por lo tanto, no lo temen, no tienen asombro de Él, no tienen respeto de Él. Por lo tanto, no tienen sabiduría. Por lo tanto, se sumergen, y todos los que lo siguen en su sociedad, en el abismo de la confusión y la tragedia y el juicio. Debemos enseñarles a respetar a Dios, a temer a Dios. A estar asombrados de Dios, a adorar a Dios. Eso significa respetar su Palabra en la cual, Él se revela a sí mismo.

En el Salmo 138:2 dice: "Porque has engrandecido tu nombre, y tu palabra por sobre todas las cosas". No puedes respetar a Dios sin respetar su Palabra. Eso significa obedecer su Palabra, conocerla y amarla y seguirla. Respetar su ley, respetar su poder, respetar su autoridad. Pesar su desagrado hacia el pecado. Respetar su derecho de disciplinar, su derecho de juzgar. Respetar su amor y su misericordia, su gracia, su ternura y su bondad. Esto quiere decir respetar todo lo que es verdad acerca de Dios. Todo. Debemos adorar, dice Jesús en Juan 4, en espíritu. Esto significa con emoción y corazón. Pero también, en verdad. Debemos adorar a Dios como Dios realmente es. Cuando Dios es temido, podría añadir, el pecado también es temido. Si no temes al pecado es porque no temes a Dios. Enséñame a una persona santa y te enseñaré a una persona que odia el pecado y teme a Dios. Enséñame a una persona que tolera el pecado y te enseñaré a una persona que no respeta a Dios. Esa es la influencia controladora en tu vida. La manera en la que tú ves a Dios es lo más importante en tu mente. Es la realidad más controladora en tu mente. Cómo ves a Dios, y tienes honor y respeto completos hacia Él, entonces no te vas a meter con tanta facilidad en el pecado, porque sabes que deshonra a Dios y lo respetas demasiado como para hacer eso.

Si crees en la soberanía de Dios, esto es, que Él gobierna todo en el universo y cumple todos sus propósitos y está en control de todo, no vas a dudar y temer cuando tu pequeño mundo comience a verse como si las cosas salen mal. La manera en la que ves a Dios es la influencia más controladora en tu existencia entera.

Temer al Señor prolonga la vida, según Proverbios 10:27. Temer al Señor es más útil que las riquezas, según el 15:16. Temer al Señor trae vida abundante. Temer al Señor mantiene a uno alejado del pecado, resulta en riquezas y honra, Proverbios 22 dice. Temer a Dios produce humildad. Y Él dice eso a lo largo de Proverbios. Aquellos que temen a Dios duermen satisfechos y no son tocados por el mal, dice el capítulo 19. Aquellos que temen a Dios tienen confianza. Aquellos que temen a Dios serán honrados y reconocidos. Y aquellos que temen a Dios, tendrán oraciones respondidas.

Todo esto está en el libro de Proverbios. Esta es la lección más importante: teme a Dios. Conócelo y ámalo, respétalo y hónralo. Ese es el principio de todo. Eso en sí mismo será un estudio inmenso.

Pero vayamos a un segundo, porque simplemente queremos presentarlos y los pueden estudiar en Proverbios. El segundo componente esencial al buscar la sabiduría es guardar tu mente. El lado positivo de la sabiduría es buscar el honrar a Dios. El lado negativo es evitar que otras cosas contaminen tu mente. Este también es un tema muy importante en el libro de Proverbios, capítulo 3, por ejemplo. Él dice en el versículo 1-3: "Hijo mío, no te olvides de mi ley" y claro, él está enseñando la Palabra de verdad aquí. La Palabra de Dios. "Y tu corazón guarde mis mandamientos; porque largura de días y años de vida y paz te aumentarán. Nunca se aparten de ti la misericordia y la verdad".

Aférrense a la verdad, jóvenes. No puedo enfatizar algo más que eso: aférrense a la verdad. No dejen que nada robe la verdad. No dejen que nadie contamine sus mentes. Toma la verdad, átala a tu cuello. Escríbela en la tabla de tu corazón.

Por cierto, corazón para el hebreo significa mente, porque el Antiguo Testamento dice: "Cual es su pensamiento en su corazón, tal es él". Pensamos en nuestra mente, no en nuestro corazón. Corazón se refiere a la mente. Guarda tu mente, escribe la verdad en tu corazón, átala a tu cuello. No dejes que se vaya. De hecho, observe en el capítulo 4, versículo 23 en donde dice: "Sobre toda cosa guardada, guarda tu corazón". Literalmente, de nuevo, tu mente, porque de él fluyen las fuentes de la vida.

Ahora recuerden, para el hebreo el corazón tenía que ver con la mente. Cuando hablamos del corazón, no estamos hablando de las emociones. Pero en la Biblia, cuando están hablando de las emociones, normalmente no se refieren al corazón, lo cual nos puede parecer extraño. Se refieren a las entrañas. Probablemente, esa no es una buena traducción. En cierta manera, es el estómago, porque cuando sientes algo con mucha, mucha fuerza, lo sientes aquí, lo sientes en la parte del estómago. La ansiedad, la sientes aquí. El temor, lo sientes aquí. Y eso es lo que estaban expresando. Pero el corazón era sinónimo de la mente en donde piensas.

Entonces, en Proverbios 4:23 está diciendo: "guarda tu mente porque de él mana la vida". Tu conducta. De allí mana la vida. Todo en tu vida. La manera en la que piensas, determina cómo vives. Cuida lo que metes a tu mente, cuida lo que ves cuando vas a un cine. Cuida lo que lees. Cuida a lo que expones tu mente. Cuidado con aquello a lo que expones tu mente. Cuidado con las ideologías y las especulaciones falsas que son las fortalezas de 2 Corintios 10, que hombres impíos construyen para capturar a un mundo apartado de Dios. Cuidado con esas herejías que condenan esas mentiras. Esas mentiras engañosas que vienen de mentirosos hipócritas, Pablo las llama. Que están infestados de doctrinas de demonios. Cuidado con todo eso, porque tu mente es la influencia controladora en cómo actúas.

De hecho, en el libro de Proverbios, el escritor de Proverbios habla de ingenuos. Y en el lenguaje hebreo dice: "Oh, simples," en el capítulo 1. Y lo repite. Oh, simples. La palabra simple realmente es la palabra hebrea para una puerta abierta. De nuevo, les dije que el lenguaje es muy concreto. Y la palabra significa una puerta abierta.

Y esa es una gran manera de ver la mente de alguien. Y así es como los hebreos veían a la mente. Ellos dijeron; un ingenuo, un simple, un necio, era una persona que tenía la puerta abierta de su mente todo el tiempo. Todo entraba y todo salía. Es la incapacidad de discriminar. Era la incapacidad de protegerse a sí mismo. De dejar afuera algunas cosas y guardar algunas cosas adentro. Es como la persona que dice: "Soy un agnóstico" y en cierta manera, están orgullosos de esto. Bueno, soy un agnóstico. Y no entienden el equivalente en latín que es un ignorante. Nunca he oído a nadie decir: "Soy un ignorante y estoy orgulloso de esto". Es lo mismo. Lo que significa es no sé. No sé. Oyen a la gente decir: "Tengo una mente abierta". Bueno, el hebreo diría: "Pues, ciérrala. Necesitas discernir. Necesitas saber qué permites que entre y qué permites que se quede. Guarda tu mente". Eso es lo que necesitas obtener.

Si quieres ser una persona educada, si quieres tener la capacidad de vivir la vida al máximo, necesitas temer a Dios. Ese es el lado positivo. Necesitas guardar tu mente, protegerla de malas influencias. Guardianes de la mente. En un sentido real, me veo a mi mismo como teniendo esa responsabilidad. A los padres, en el libro de Proverbios, se les da esa responsabilidad. No solo padres físicos, sino padres espirituales. Conforme los veo a ustedes como alumnos, conforme veo a la congregación en mi iglesia, conforme veo a la gente que lee los libros que escribo o me escuchan predicando en la radio o encintas o en lo que sea, en mi mente tengo todo el tiempo la responsabilidad de ayudarles a discernir la verdad del error. Ayudarles a guardar sus mentes de la influencia de cosas que influencian de manera eficaz su conducta y los alejan de Dios y los alejan de la bendición.

En tercer lugar, al aprender la sabiduría no solo necesitas temer a Dios, guardar tu mente, sino que, en tercer lugar, escoger a tus amistades. Escoger a tus amistades cuidadosamente. Este también es un aspecto muy práctico en la vida. En el capítulo 1 de Proverbios, en el versículo 10, "Hijo mío, si los pecadores te quisieran engañar, no consientas". Cuando los pecadores te quieren engañar a hacer algo que sabes que está mal, simplemente no lo hagas. Tienes la responsabilidad de colocarte en relaciones que te levantan, no relaciones que te lanzan hacia abajo.

Y quiero decirles algo: puede ser así de simple la distinción entre el éxito y el fracaso en tu vida. Un alumno puede venir a esta universidad, sea cual sea la condición espiritual en la que esté y encontrarse en un grupo de jóvenes piadosos y disfrutar de un efecto inmensamente positivo y transformador en su vida.

Por otro lado, un alumno puede venir aquí y puede terminar en un grupo de personas que lo tiran hacia abajo. Y antes de que se dé cuenta, se ha sumergido en algún tipo de pecado que es destructivo. Escoge con cuidado a tus amistades.

Versículos 11-12: "Si dijeren: Ven con nosotros; pongamos asechanzas para derramar sangre,

acechemos sin motivo al inocente; los tragaremos vivos como el Seol". Van a matar a alguien. Este es un grupo bastante malo, no creo que tengamos a ninguno de estos aquí, pero entienden el tema. "Vámonos en el auto y vamos a matar a algún niño".

Versículo 13-19, ellos dicen: "Hallaremos riquezas de toda clase, llenaremos nuestras casas de despojos; echa tu suerte entre nosotros; tengamos todos una bolsa. Hijo mío, no andes en camino con ellos. Aparta tu pie de sus veredas, porque sus pies corren hacia el mal, y van presurosos a derramar sangre. Porque en vano se tenderá la red ante los ojos de toda ave; pero ellos a su propia sangre ponen asechanzas, y a sus almas tienden lazo. Tales son las sendas de todo el que es dado a la codicia, la cual quita la vida de sus poseedores".

Eso simplemente es una ilustración en Proverbios de cuán importante es escoger cuidadosamente tus amistades. No debes ser el necio que es engañado por aquellos que dicen: "Acompáñanos, acompáñanos". ¿Se acuerdan de lo que dijo el apóstol Pablo? Las malas compañías corrompen, ¿qué?, las buenas costumbres. Las malas compañías corrompen las buenas costumbres. La apelación entera, aquí, notarán en Proverbios1, la apelación entera es la atracción de la emoción, del poder y de ser parte del grupo. Él dice: "Huye de esto. Huye de esto". No seas engañado por aquellos que quieren cometer maldad.

Capítulo 2, él les advierte acerca de dejar los caminos de la justicia y caminar por los caminos de las tinieblas. Él advierte acerca de los caminos que son torcidos y se desvían. Él advierte acerca de ser liberado de la mala mujer, de la adúltera que adula con sus palabras. Tienes que escoger cuidadosamente tus amistades. Eso es algo absolutamente esencial.

En Proverbios 18:24, simplemente para llevarlos a un versículo. Proverbios 18:24: "El hombre de muchos amigos se arruina. Pero hay amigo más unido que un hermano" (LBLA). Ese es un gran versículo. Un hombre de muchos amigos llega a la ruina. Por cierto, si no conoces el hebreo, no vas a entender el punto de este versículo porque traduce amigos aquí dos veces. Pero son dos palabras diferentes. Esto es lo que dice en el hebreo: "El hombre de muchos *reya* se arruina, pero hay un *ahab* más unido que un hermano".

Un hombre de muchos *reya*, eso significa conocidos, relaciones superficiales. Pero hay un *ahab*. ¿Qué es eso? Un amigo amoroso leal íntimo. Si lo único que tienen ustedes jóvenes en su vida son muchas relaciones superficiales, triviales, van camino a la ruina porque carecen de rendición de cuentas. Carecen de ese tipo de personas que les van a hacer las preguntas difíciles. Que van a confrontar los asuntos difíciles en tu vida. Lo que realmente necesitas es un *ahab*. Necesitas un amigo íntimo, amoroso, cercano, que está ahí, que hace estas preguntas difíciles y que espera que le rindas cuentas.

Unos cuantos amigos superficiales, muchos amigos superficiales dan lugar a una vida superficial. Y una vida superficial da lugar a un fin triste. Pero unos cuantos amigos cercanos, amorosos, leales, honestos, que te edifican son de mucho más valor. Son inestimables. Esa es parte de nuestra responsabilidad como líderes. Es colocarlos en un ambiente en donde están rodeados de amigos piadosos. Facultad, personal, administración, otros alumnos, entrenadores, todo eso.

Cuando hablas de obtener sabiduría, estás hablando de aprender a temer a Dios, guardar tu mente, escoger a tus amistades. Número cuatro: controla tu cuerpo. Bastante práctico. Proverbios 5:21: "Porque los caminos del hombre están ante los ojos de Jehová, y él considera todas sus veredas".

En primer lugar, date cuenta de esto: Dios ve todo. Él ve absolutamente todo. Y dice en el versículo 22: "Prenderán al impío sus propias iniquidades". En otras palabras, la gente que peca, va a quedar atrapada en su pecado. Él va a enredarse en las cuerdas de su propio pecado. Cuando una persona se mete en el pecado y se mete en el pecado de manera habitual, termina enredándolo y no puede salirse de él. Morirá por falta de, y aquí está el hebreo, "de dominio propio". Él morirá por falta de dominio propio.

Por cierto, comenzando ahí atrás en el capítulo 2, versículo 16, el libro de Proverbios comienza a hablar de una mujer adúltera. A hablar del pecado sexual. Habla de cómo ella engaña a alguien. Cómo ella lo mete en esta relación ilícita. Y eso se convierte en un tema que lo vemos a lo largo de Proverbios hasta el capítulo 7. Proverbios quiere que seamos muy cuidadosos con el dominio propio en el área sexual.

El capítulo 5 habla de esto. El capítulo 6 habla de esto. El capítulo 7 habla de esto. No tenemos tiempo de ver todos estos pasajes, pero es enseñanza muy, muy importante.

La triste realidad de la persona que se involucra en el adulterio es algo triste, triste. Pueden leer del fin terrible de aquellos que siguen el pecado de adulterio. El capítulo 7 cierra con esta palabra: "Camino al Seol es su casa". Esta es la casa de la adúltera, "que conduce a las cámaras de la muerte", descendiendo a las cámaras de la muerte.

De regreso en el capítulo 6, versículo 32: "Mas el que comete adulterio es falto de entendimiento; corrompe su alma el que tal hace. Heridas y vergüenza hallará y su afrenta nunca será borrada". Esa es una mancha que nunca se quita.

Ayer viví uno de los momentos más tristes de mi vida al llamar a un amigo que fue sorprendido en una relación ilícita y quien se dio cuenta en ese momento, unas cuantas horas después de que todo esto había sido expuesto, que su vida entera fue destruida en ese momento cuando él buscó algo de placer.

El dominio propio, no puedo decirles lo suficiente, jóvenes, cuán importante es. La falta de dominio propio destruirá todo lo bueno que ha sido cultivado en tu vida. Todo lo que tus padres hicieron, todo lo que tus pastores y pastores de jóvenes jamás hicieron, todo lo que tus abuelos esperaron y oraron en tu vida, todo lo que amigos cristianos quisieron por ti, la facultad, todo lo que viniste aquí para oír y aprender, todas las canciones que cantaste, todo eso simplemente lo tiras a la basura si entras en ese tipo de pecado que te deja con una desgracia terrible.

Es un mundo difícil ahí afuera y hay una cantidad tremenda de solicitudes a pecar sexualmente. Debemos orar diligentemente, constantemente, fielmente y buscar el dominio propio. Proverbios 5:23, morirá por falta de dominio propio.

Tenemos la responsabilidad de enseñarles el dominio propio, de enseñarles la disciplina personal, de enseñarles la disciplina espiritual, de enseñarles a sujetar su cuerpo, como Pablo dice en 1 Corintios 9, para que no sean descalificados.

De hecho, anoche estaba hablando con mi amigo. Él estaba llorando, su esposa estaba llorando. Y él me vio y me dijo: "Dime que no me descartarás. Por favor, no me descartes. No quiero ser un desecho". En un sentido, le dije: "Te amo, no te voy a desechar, no te voy a descartar. Pero en términos del ministerio que tú querías para tu vida, quedas descartado". Y eso es absolutamente doloroso. Difícilmente pude dormir toda la noche pensando en todo lo que había perdido. Esas son lecciones para la vida. Hay más.

Permítanme darles otra: Teme a tu Dios, guarda a tu mente, escoge a tus amistades, controla a tu cuerpo, cuida tus palabras. Cuida tus palabras. En Proverbios, capítulo 4, versículo 24 y de nuevo, únicamente les estoy dando una muestra, están por todos lados. "Aparta de ti la perversidad de la boca". Di la verdad. Cuando hables, di la verdad. "Y aleja de ti la iniquidad de tus labios." Capítulo 5, versículo 2: "Para que guardes consejo, y tus labios conserven la ciencia". Que hablen la verdad, que hablen el conocimiento.

Versículo 12 del capítulo 6: "El hombre malo, el hombre depravado, es el que anda en perversidad de boca". Ahí en el capítulo 10 de Proverbios, simplemente algunos comentarios acerca de la boca, versículo 11: "Manantial de vida es la boca del justo; pero violencia cubrirá la boca de los impíos". Me acuerdo que leí hace unos años atrás, cuando era un joven cristiano, un libro maravilloso.

Y en este libro, un hombre dijo que la decisión que más afectó su vida fue el día en el que determinó esto, lo escribió. Hizo parte integral de su vida esto. Él dijo esto: "Quiero hacer un pacto con mi Dios, que cada vez que abra mi boca, será para la alabanza de Jesucristo". Ese es un pacto que cambia la vida si es guardado.

Capítulo 10, versículo 13 habla de los labios del que discierne. En esos labios se encuentra la sabiduría. El contraste, en el versículo 14: "la boca del necio es calamidad". Habla de los labios mentirosos en el versículo 18, la transgresión que es inevitable con muchas palabras, versículo 19, "En las muchas palabras, no falta pecado". Aprende a restringir tus labios y sé sabio. Cierra tu boca. No hables demasiado.

Versículo 20, "Plata escogida es la lengua del justo". Guarda tus palabras, cuidado con tus palabras. Pueden ministrar gracia a los oyentes. Versículo 32: "Los labios del justo saben hablar lo que agrada, mas la boca de los impíos habla perversidades".

Simplemente, resumiendo lo que dice Proverbios acerca de esto. Los labios de los justos hablan con sabiduría. Permanecen para siempre. Son una fuente de vida, un árbol de vida. Son como plata, satisfacen, alimentan a otros, traen sanidad, traen liberación, son pacientes, amables, sabios, veraces, honestos, puros, suaves, gentiles, tardos para la ira y son voceros para el Señor mismo. Guarda tus palabras.

Por otro lado, las palabras de los necios son impías, necias, violentas, llenas de odio, llenas de malicia. Demasiadas palabras traen contención, ruina, chismes, desgracia, calumnia. Son como un fuego que produce perversidad y tragedia.

Permíteme darte otro principio de sabiduría. Trabaja duro… Trabaja duro. Uno de los temas de Proverbios, de nuevo, observe el capítulo 6, versículo 6: "Ve a la hormiga, oh perezoso…" ¿Saben lo que es un perezoso? Lo llamamos un flojo. Una persona vaga. "Ve a la hormiga, oh perezoso, mira sus caminos, y sé sabio". Después, usa una pequeña analogía acerca de la hormiga: "La cual no teniendo capitán, ni gobernador, ni señor, prepara en el verano su comida"; ellas preparan su comida en el verano. Preparan su provisión en la cosecha. "Y recoge en el tiempo de la siega su mantenimiento. Perezoso, ¿hasta cuándo has de dormir? ¿Cuándo te levantarás de tu sueño? Un poco de sueño, un poco de dormitar, y cruzar por un poco las manos para reposo; así vendrá tu necesidad como caminante, y tu pobreza como hombre armado".

¿Sabes cómo ser pobre? La gente viene a la universidad y dice: "Quiero tener una carrera, quiero ganar dinero en la vida". Ganarás dinero si trabajas duro. Así es. Si no lo haces, no ganarás nada. Simplemente, te quedas ahí y flotas y tu pobreza vendrá como un vagabundo, simplemente como un extraño que es pobre y tu necesidad, como hombre armado. Simplemente, invadirá tu vida y se apoderará de tu vida. ¿Saben lo que es un hombre flojo? Es un hombre con demasiadas excusas, demasiadas cosas pospuestas. Pospone mucho. Dice "no" mucho. Un asunto muy importante.

Capítulo 10, versículos 4 y 5: "La mano negligente empobrece" ¿Quieres ser pobre? No trabajes duro. "Mas la mano de los diligentes, enriquece". Digo, ahí hay una promesa que viene de la Palabra de Dios. Jóvenes, permítame decirles. Están aquí en la universidad, tienen la suficiente inteligencia como para ser exitosos. Si están aprobando aquí, tienen la suficiente inteligencia. La mayoría de ustedes probablemente tiene la suficiente inteligencia como para estar a cargo de algo. Como para tener a muchas personas bajo su cuidado. Están aprendiendo las cosas que necesitan conocer para hacer una diferencia en el mundo. Cómo pensar, cómo hablar, cómo escribir, cómo socializar, cómo guiar; todo ese tipo de cosas. Están recibiendo una diversidad de experiencias sociales, relaciones interpersonales, la riqueza de la vida. Están aprendiendo sabiduría bíblica. Tienen lo que se necesita, en términos de la información que han recibido cuando se gradúen de esta escuela, como para hacer una diferencia enorme en el mundo, pero se va a reducir al hecho de que estén dispuestos a pagar el precio del esfuerzo o no. No hay magia. Conozco a jóvenes. Sé lo que hay en sus mentes. Ustedes saben. Están en la facultad de administración esperando graduarse y comenzar su propio negocio y crecer. Y aquellos que trabajan duro, generalmente llegan a alcanzarlo. Trabaja duro. No seas vago. Y le voy a decir una cosa, el trabajo duro es lo que más recompensa trae en la vida en este mundo.

Según Proverbios, el hombre perezoso sufrirá hambre, pobreza, fracaso, porque él está durmiendo en medio de la cosecha. Él quiere, pero no trabaja para satisfacer su deseo. Le encanta dormir. Está pegado a su cama. ¿Conoces el primer principio del éxito? Levántate, ahí está. El segundo: levántate temprano. El tercero: vístete. Y el cuarto: sal de la casa. El hombre flojo está pegado a su cama, sigue búsquedas inútiles.

¿Saben lo que he notado en la gente floja? Siempre tienen algún tipo de plan para enriquecerse rápidamente. Ese plan está por venir, pero nunca se aparece. Nunca se aparece. Son muy buenos en planes grandes, pero nunca suceden. El hombre que busca su trabajo, dice Proverbios, gana bien, tiene suficiente comida, es recompensado por su trabajo, se gana el derecho de tener el respeto inclusive de los reyes.

Permítanme darles una más: Administra tu dinero. De regreso en el capítulo 3 de Proverbios, esto es muy práctico. Versículo 9-10: "Honra a Jehová con tus bienes, y con las primicias de todos tus frutos; y serán llenos sus graneros con abundancia y tus lagares rebosarán de mosto".

Ahora, lo primero involucrado en administrar tu dinero es, ¿qué? ¿Darle a quién? Al Señor. Eso está arriba, ahí es donde comienzas. Puedo darles testimonio, tras testimonio, tras testimonio de cómo el Señor ha respondido a la gente que da en la vida de muchos creyentes, incluyendo mi propia vida. Comience ahí. Dale al Señor. Inclusive ahora, en este momento con lo que tengas. No es cuestión de lo que no tienes. Es cuestión de lo que tienes. Voy a estar predicando de eso el domingo por la mañana. No es lo que no tienes, es lo que tienes. Lo que Dios quiere es lo que es razonable de lo que tienes. Él no quiere que des lo que no tienes. Pero lo que tienes, necesita comenzar con Él.

Capítulo 6:1, aquí hay otro principio muy importante. "Hijo mío, si salieres fiador por tu amigo, si has empeñado tu palabra a un extraño", ¿de qué está hablando? No seas aval de la deuda de un extraño. Esto es, obligar a tus bienes por la deuda de alguien más. No lo hagas. "Te has enlazado con las palabras de tu boca, y has quedado preso en los dichos de tus labios".

En otras palabras, hiciste una promesa tonta. Y ahora el hombre regresa y te dice: "No puedo pagar este préstamo. Necesito este préstamo para salir de la deuda o para comprar esto o hacer lo otro. Y, ¿podrías ser mi aval porque tu crédito va a calificar para que yo la obtenga? Y tú, simplemente eres mi aval. Y yo voy a pagar". Lo que acabas de hacer es entregar tus recursos al control de él. Y si él no es fiel, te va a costar tus propios recursos. No lo hagas. No te coloques en las manos de tu prójimo.

Él también habla de no ser flojo ahí. No seas un aval. No estoy hablando de un miembro de la familia en necesidad desesperada. Si estás en la familia, obviamente, satisfacemos las necesidades unos de otros. No te salgas de la familia.

Y hay muchas otras cosas, capítulo 13, capítulo 22. Simplemente, hay muchas cosas acerca de administrar el dinero aquí y mucho acerca de dar el dinero por todo Proverbios. Simplemente, pensé en una más que necesito mencionar rápidamente. "Ama a tu prójimo".

Capítulo 3, y solo una ilustración de esto. Versículo 27: "No te niegues a hacer el bien a quien es debido, cuando tuvieras el poder para hacerlo. No digas a tu prójimo: Anda, y vuelve, y mañana te daré, cuando tienes contigo qué darle". En otras palabras, cuando tu prójimo tiene una necesidad, no la retengas. Si lo tienes, dalo. Muestra amor. Cultiva una amistad. Dale a un prójimo. Sé generoso.

Resumiéndolo. Lo más importante que puedes aprender es la sabiduría. La sabiduría no es algo nebuloso, que está ahí en el aire, algo conceptual. La sabiduría es la capacidad en la vida y comienza con temer a Dios y pasa a guardar tu mente, escoger tus amistades, controlar tu cuerpo, cuidar tus palabras, esforzarte en trabajar, administrar tu dinero y amar a tu prójimo. Muy simple. Pero eso es todo.

Y cuando has hecho eso, has aprendido la sabiduría. Es tan importante ser enseñado. Puedo decir, como padre, por ejemplo, que, si yo no enseño a mi hijo a temer a Dios, el diablo le enseñará a odiar a Dios. Si no enseño a mi hijo a guardar su mente, el diablo le enseñará a tener una mente abierta. Si yo no enseño a mi hijo a obedecer a sus padres, el diablo le enseñará a rebelarse y a romper los corazones de sus padres. Si yo no enseño a mi hijo a escoger sus amistades cuidadosamente, el diablo las escogerá por él. Si no enseño a mi hijo a controlar su cuerpo, el diablo le enseñará con gusto a entregarlo completamente a sus concupiscencias. Si no enseño a mis hijos a disfrutar las palabras que honran a Dios, el diablo llenará sus bocas de inmundicia. Si no enseño a mis hijos a esforzarse en trabajar, el diablo los hará flojos. Si no les enseño a administrar su dinero, el diablo les enseñará a desperdiciarlo en una vida disoluta. Si no les enseño a amar a su prójimo, el diablo con gusto les enseñará a amarse solo a sí mismos. Aprende la sabiduría. Oremos.

Padre, te damos gracias en esta mañana por este recordatorio maravilloso que en obtener todo lo demás estamos obteniendo, la sabiduría es lo más importante. Enséñanos sabiduría a través de tu Palabra y tu Espíritu para tu gloria, en el nombre de Cristo. Amén.

07_Evangelizando tu mundo

Realmente, me considero privilegiado por compartir esta semana en el mundo en el que vivimos, aunque probablemente soy el último hombre calificado para hablar de lo que es vivir en un ambiente secular. Vivo en un invernadero cristiano. Voy de la Iglesia al Master's College, al Seminario a Grace to You; y nunca me encuentro con algún incrédulo. Mis vecinos me evitan como la plaga. Si me ven venir, huyen al garaje y cierran la puerta, porque están seguros de que les voy a dar un sermón del infierno o les voy a pedir dinero para algún ministerio. Eso no es verdad, pero se acerca. Me evitan.

Tengo que trabajar realmente duro en tener relaciones con los incrédulos. Tengo que trabajar realmente duro en establecer relaciones con personas no cristianas, porque son raros en mi mundo. Y lamento eso. Me gustaría que no fuera el caso. He tenido la oportunidad de llevar a algunas personas a Cristo, gente que realmente no me conoce en el ambiente cristiano, sino que me acaban de conocer en otro ambiente y considero eso un privilegio. No trato de revelar toda la historia acerca de mí cuando conozco a alguien que es una persona no creyente, pero trato de establecer una amistad con ellos como un ser humano; y ver si puedo tener un impacto para Cristo.

Ustedes tienen un escenario en donde tienen más oportunidades de conocer a gente que no se rodea constantemente de gente cristiana. Y esa es una oportunidad maravillosa para ustedes. Afortunadamente, el Señor me ha bendecido de tal manera que cuando me levanto para predicar el domingo, le predico a los incrédulos que son traídos por personas que están en el mundo de la vida cotidiana, en la vida diaria. Y llego a presentarles el Evangelio y ese es un privilegio maravilloso.

Quiero hablar un poco en el sentido amplio acerca de la responsabilidad del cristiano en una sociedad escéptica. Simplemente, quiero dar una especie de panorama general. Abran su Biblia en Tito, capítulo 3 , solo quiero ver este pasaje durante el tiempo que tengo. Hay mucho aquí y obviamente no vamos a poder cubrirlo todo, pero realmente es un pasaje muy importante. Tito, capítulo 3.

Necesitamos tener un poco de trasfondo. Tito era un discípulo joven del apóstol Pablo. A Tito se le dio la responsabilidad de ser enviado a un lugar llamado Creta. Era una isla, como ustedes saben. Y la responsabilidad de Tito en Creta era la de edificar iglesias y desarrollar liderazgo en esas iglesias. Hasta donde puedo recordar, hubo unos 100 pueblos y ciudades en la isla de Creta. Entonces había mucho trabajo que hacer y muchas ciudades, muchas iglesias que plantar.

Y en el capítulo 1, versículo 5, a Tito se le dice que fue dejado en Creta para continuar con lo que quedaba, continuar fortaleciendo y desarrollando iglesias y estableciendo ancianos en cada ciudad. Ese sería un gran trabajo, como dije, porque había más de 100 iglesias potencialmente en los pueblos y ciudades de ese lugar.

Los cretenses eran personas difíciles con quien tratar. Capítulo 1, versículo 10. Eran rebeldes. Hablaban cosas que no debían. Eran engañadores, especialmente los de la circuncisión que necesitaban ser callados. Entonces, tenía que enfrentar mucha enseñanza falsa que ya se había infiltrado en Creta. No nada más tenía que entrar y ofrecerse como el primer promotor de la Verdad. Llegabas a la ciudad y encontrabas que ya había sectas, falsos maestros, en todos estos lugares.

Y, además, los cretenses mismos, él dice en el versículo 12, eran mentirosos, malas bestias, glotones ociosos. No creo que la Cámara de Comercio local habría colocado eso en el proyecto de Creta, pero esta era la verdad. Eran mentirosos, bestias malas, glotones ociosos. Y Pablo dice en el versículo 13: "Este testimonio es verdadero". Los he conocido, él está diciendo y esa es una evaluación correcta.

Tenías algunos problemas, problemas desafiantes cuando ibas a Creta. Tenías a una sociedad muy pagana, gente entregada a las mentiras, gente entregada a una existencia tipo bestial, gente entregada a la pereza. Estaban viviendo en un clima mediterráneo muy templado y se aprovechaban al máximo de no hacer nada. Tú ibas ahí a plantar iglesias. Y este es un ambiente muy, muy pagano. Lo que existe ahí es la religión falsa, gente que habla cosas que no debiera, engañadores; están por todos lados.

Y esto era más bien típico de las iglesias del Nuevo Testamento. Eran islas muy pequeñas en un mar de paganismo y existían en un contraste absoluto a todo lo que había en su cultura. Y solo quiero que tengan una idea de esto. En el mundo gentil, ni la Biblia ni la moralidad bíblica, ni el cristianismo tenía algún perfil. No existía algo tal como la moralidad cristiana. No existía algo tal como cristianos en lugares de influencia. Hasta donde sabemos, no hubo ningún político cristiano. No hubo ningún gobernante cristiano. No hubo ningún gobernante o líder cristiano, ni siquiera hubo ningún atleta cristiano, hasta donde sabemos. No hubo ningún cristiano de ninguna influencia en absoluto en la sociedad griega. Todo era paganismo. Todo era idolatría, todo era impiedad en un grado u otro, en una definición u otra.

Y también sabemos que la primera Iglesia nunca intentó establecer la moralidad cultural. Nunca intentaron, entre comillas, en términos coloquiales de la actualidad, impactar a su sociedad. Nunca intentaron impactar a su cultura. Nunca se esforzaron por tener un grupo social político bíblico. Nunca se involucraron en tratar de elegir a ciertas personas en posiciones políticas. Nunca se involucraron en tratar de empujar a la gente para que ascendieran alguna escalera social o alguna escalera de influencia, teniendo la idea de que, de alguna manera, podían tener alguna influencia grande moral en su sociedad. Realmente, nunca trataron de cambiar la meta moral de la sociedad. Nunca se esforzaron por tener metas políticas o fines políticos.

Únicamente, buscaron hacer una cosa y eso fue alcanzar a los no salvos con el Evangelio. Eso fue lo único que buscaron hacer, no tenían otro objetivo. Estaban preocupados, como dice ahí atrás en el capítulo 2, versículo 5, porque la Palabra de Dios no fuera blasfemada. Estaban preocupados en el versículo 8 porque los incrédulos no tuvieran nada malo que decir de ellos. Estaban preocupados, según el capítulo 2, versículo 10, de que la doctrina de Dios, nuestro Salvador fuera adornada en todo respecto. Lo único que les preocupaba era el evangelismo. Lo único que les preocupaba era traer la Palabra de Dios al foro público para que la gente pudiera oír la verdad de Dios. Estaban preocupados por vivir vidas piadosas para que no se pudiera decir nada malo de ellos. Estaban preocupados por adornar la enseñanza acerca de Dios como Salvador al demostrar vidas salvas.

El filósofo alemán Heine, una vez dijo: "Muéstrame tu vida redimida y quizás, me veré inclinado a creer en tu Redentor". Estaban preocupados en demostrar la redención mediante vidas redimidas.

Y creo que estaban en lo correcto y necesitamos volver a capturar eso. La primera Iglesia buscó únicamente alcanzar a los incrédulos con el Evangelio de Cristo. No tuvieron metas políticas para la cultura. No tuvieron fines morales para la cultura. No se enredaron como los cristianos en la actualidad en las elecciones y la política. No se enredaron en moralizar a la sociedad como tanta gente cristiana y organizaciones cristianas lo hacen en la actualidad. Tenían una cosa en mente y eso era traer a la gente perdida al conocimiento de Dios mediante la fe en Jesucristo.

Y simplemente, les recuerdo que esa es la razón por la que existimos en la actualidad. Estamos en una isla en un mar de paganismo y nuestra responsabilidad no es moralizar la cultura. Nuestra responsabilidad no es centrarnos en la política para que podamos llevar a gente al poder que pueda cambiar la moralidad cultural. Nuestra responsabilidad es redentora. Nuestra responsabilidad es evangelística.

Ahora, reconozco que en Estados Unidos hemos experimentado una cultura cristiana y eso es muy diferente de cualquier cosa que los cristianos en el mundo gentil del Nuevo Testamento jamás experimentaron. Es muy diferente de lo que los cristianos en muchos lugares en el mundo en la actualidad experimentan. Hay cristianos en Israel quienes, como algunos de ustedes saben, los que han estado en Ibex, ustedes se dan cuenta de que no vivían en una cultura cristiana o en nada de lo que jamás ha sido una cultura cristiana.

Hay cristianos en partes árabes del mundo. Recientemente, hablé con algunos que están en el Medio Oriente, en países árabes, viviendo su fe cristiana sin tener absolutamente ninguna influencia en el mundo político, ninguna influencia en elementos morales de su cultura. Únicamente, esforzándose por llevar el Evangelio a musulmanes que están perdidos. Hay cristianos en ambientes paganos, así como los hay en India dominados por el hinduismo; y otros lugares como Pakistán y Bangladesh, en donde de alguna manera, son más anti cristianos de manera severa. Hay cristianos viviendo su cristianismo en elementos de la sociedad africana en donde la persecución es tan severa que miles de ellos están muriendo cada año. Y más cristianos alrededor del mundo en la actualidad están muriendo por el Evangelio de lo que jamás habían muerto en la historia de la Iglesia. Hay una enemistad fuerte hacia la fe cristiana. Y en esas mentes cristianas, realmente no hay un esfuerzo real por cambiar la cultura. No hay una expectativa por parte de ellos de que la cultura de alguna manera debe adaptarse a sí misma a la moralidad cristiana. Se ven a sí mismos como una isla de verdad en medio de un mar de paganismo.

Pero nosotros, en Estados Unidos, hemos disfrutado de cierta influencia del cristianismo en nuestra cultura. Y ahora, conforme la vemos morir, conforme la vemos desvanecerse en lo que distintivamente ahora es una cultura no cristiana, no nos gusta eso. Particularmente, la generación mayor, mi generación. Y quizás una generación delante de ustedes, sus padres, no les gusta esto. No le gusta lo que está pasando en Estados Unidos. Se molestan mucho por eso.

Pat Robertson tuvo una reunión después del desayuno nacional de oración en Washington D.C. y el diseño de esa reunión fue llamar a la formación de una liga de contraataque cristiano. Hay una liga de contraataque judío que existe para tratar de detener a la gente de perseguir a los judíos. Y él quería comenzar una liga de contraataque cristiano. Él dijo esto: "Nos han llamado necios. Y entonces, los llamaremos intolerantes. Los cristianos están cansados de ser pisados y el tiempo ha llegado para defender los derechos de los cristianos".

Algunos comentaristas que salieron de esta reunión dijeron que Pat Robertson se puso de pie y declaró la guerra en contra de los no cristianos. Esa es una perspectiva extraña, ¿no es cierto? ¿Acaso los no cristianos son el enemigo o son el campo misionero? Ellos no son el enemigo. No deben ser odiados. No debemos pelear contra ellos. No debemos menospreciarlos. No debemos despreciarlos. No debemos atacarlos. Son las personas mismas a las que se nos ha llamado a alcanzar.

Frecuentemente, veo TBN, esta cadena cristiana y me saca de la apatía. Cuando llego a volverme indiferente al error, simplemente enciendo TBN durante 15 minutos y estoy listo a salir a pelear por la Verdad. Ocasionalmente, escucho a Paul Crouch atacar de manera abusiva a los no cristianos en los medios de comunicación masivos. Lo he oído maldiciéndolos, pronunciando juicio divino sobre ellos, condenándolos porque cuestionan la integridad de él y de su esposa y de su organización. Él está promoviendo un odio y enemistad amargos hacia los no cristianos.

En el verano del año 1991, hubo algo llamado el 'Proyecto Josué'. Y ellos anunciaron que tendrían una conferencia. De hecho, ese anuncio estuvo en muchos diarios y publicaciones cristianas, muchos de nosotros lo vimos. Y el proyecto, el diseño del proyecto, iba a tener esta reunión nacional enorme, llamada el Proyecto Josué. Y el diseño era, y cito: "Retomar la cultura… Retomar la cultura". Vamos a atacar a las personas que son pro aborto, vamos a atacar a la gente que es pro homosexual, vamos a atacar a estas personas que apoyan los derechos de las mujeres, vamos a atacar a estas personas que están desintegrando la familia, vamos a atacar a estas personas que quieren todas estas libertades morales y demás. De hecho, la conferencia describió su propósito, como este: "Sonar la alarma, infundir la visión, establecer el liderazgo que nos capacitará, que nos dará la capacidad para reclamar el corazón de nuestra cultura".

Sabes una cosa, cuando dicen esto se oye tan noble. Pero, ¿lo es? ¿Es eso lo que se supone que debemos hacer? Yo no estoy diciendo que Dios no espera que nosotros seamos la sal y la luz en el mundo. Claro que lo espera. No tenemos ningún mandato a retomar la cultura. Francamente, no importa si te vas al infierno como policía o como prostituta. No importa si te vas al infierno como republicano o demócrata. No importa si te vas al infierno como un capitalista o socialista. No importa si te vas al infierno como un pro aborto o una persona pro vida. No importa. Lo que importa es si te vas al infierno, ¿verdad? No importa si te vas al infierno como alguien que cree que la homosexualidad está mal o alguien que cree que está bien. No importa si te vas al infierno como pro familia o anti familia. No importa si te vas al infierno como alguien que apoyar al más conservador en la política. No importa tu postura política. Ni siquiera importa cuál es tu perspectiva moral. Lo que importa es que te vas al infierno, ¿verdad? No podemos moralizar la cultura. Lo que sucede en este ambiente es que de pronto el campo misionero se convierte en el enemigo. Y comienzas a promover la hostilidad hacia gente que no es cristiana.

Ahora, tienen que entender algo. Yo no tengo ningún respeto hacia las personas sin integridad. No tengo respeto alguno hacia las personas que no hablan la verdad. No puedo respetar a esas personas. Pero al mismo tiempo, no odio a esas personas. Entiendo que así se conduce la gente que no es salva. No son el enemigo, son el campo misionero. Y también el resto de la gente que es como ellos.

Como puedes ver, un tipo de cristianismo político borra las prioridades. Confunde lo que es de peso. Debilita nuestras lealtades y disipa la claridad de nuestra visión. Ni siquiera somos ciudadanos de la tierra, ¿verdad? ¿En dónde está nuestra ciudadanía? Está en el cielo, como ustedes saben. Este lenguaje de ciudadanía espiritual que se enreda en el rojo, blanco y azul todo el tiempo, realmente confunde la realidad.

Somos llamados a alcanzar a la gente perdida. No podemos debilitar nuestra misión al hacer que la gente no regenerada en nuestra sociedad sea el enemigo.

Podemos odiar los pecados. Inclusive, podemos tener un rechazo santo del pecador en el sentido de que sentimos la misma actitud hacia el pecador que Dios tiene. Y Él está airado contra el impío todos los días. Pero no podemos jamás convertir al pecador en el enemigo porque somos su única oportunidad para encontrar la vida. Entonces, todo eso tiene que ser enfrentado con una perspectiva evangelística.

Ahora, con eso en mente, veamos Tito, capítulo 3. Ahora, el objetivo entero de esta pequeña epístola de Tito es ayudar a los cristianos a alcanzar a los paganos. Ese es el punto. En el capítulo 1, versículo 3, dice: "Dios nuestro Salvador". Capítulo 1, versículo 4: "Cristo Jesús, nuestro Salvador". Capítulo 2, versículo 10: "Dios, nuestro Salvador". Capítulo 2, versículo 13: "nuestro gran Dios y Salvador, Cristo Jesús". Capítulo 3, versículo 4: "Dios, nuestro Salvador". Capítulo 3, versículo 6: "Jesucristo, nuestro Salvador". Esta epístola entera trata de la salvación de Dios. Dios es un Salvador, Cristo es un Salvador y ese es el énfasis.

Ahora, ¿cómo vamos a ganar a estos cretenses? ¿Cómo vamos a ganar a estos glotones ociosos, a estas bestias malas, a estos mentirosos? ¿Cómo vamos a ganar a estas personas que no tiene moralidad? Estas personas de lo más bajo que no son mejor que un animal salvaje, que no son mejor que un perezoso, bueno para nada, que no son mejores que un engañador y un mentiroso, que están enredados en la doctrina falsa, sectas, y lo que estaba pasando ahí. ¿Cómo vamos a ganar a estas personas? ¿Cómo vamos a llevarlos a la verdad de Dios, el Salvador y el Cristo? ¿Cómo vamos a vivir nuestras vidas de tal manera que la Palabra de Dios no es deshonrada? ¿Cómo vamos a vivir nuestras vidas de tal manera que no haya nada malo que decir de nosotros? ¿Cómo vamos a adornar la doctrina de Dios como Salvador al demostrar cómo se ve una vida salva? ¿Cómo vamos a hacer eso? ¿Qué se nos llama a hacer? ¿Se nos llama a atacarlos en el área política? No.

Esto es lo que somos llamados a hacer. Veamos lo que dice en el capítulo 3, versículos 1 a 8. Pablo le dice a Tito: "Recuérdales que se sujeten a los gobernantes y autoridades, que obedezcan, que estén dispuestos a toda buena obra. Que a nadie difamen, que no sean pendencieros, sino amables, mostrando toda mansedumbre para con todos los hombres. Porque nosotros también éramos en otro tiempo insensatos, rebeldes, extraviados, esclavos de concupiscencias y deleites diversos, viviendo en malicia y envidia, aborrecibles, y aborreciéndonos unos a otros. Pero cuando se manifestó la bondad de Dios nuestro Salvador, y su amor para con los hombres, nos salvó, no por obras de justicia que nosotros hubiéramos hecho, sino por su misericordia, por el lavamiento de la regeneración y por la renovación en el Espíritu Santo, el cual derramó en nosotros abundantemente por Jesucristo nuestro Salvador, para que, justificados por su gracia, viniésemos a ser herederos conforme a la esperanza de la vida eterna. Palabra fiel es esta, y en estas cosas quiero que insistas con firmeza, para que los que creen en Dios procuren ocuparse en buenas obras. Estas cosas son buenas y útiles a los hombres".

¿Escucharon esa última línea? ¿Quieres alcanzar a la gente? Aquí están las cosas que son buenas y útiles. Esa es una afirmación que se refiere a tu influencia. Tu influencia evangelística. Lo que es bueno y útil para la gente que te rodea se te acaba de dar en los versículos 1 al 8. Ahora, dividamos esto. Pablo le dice a Tito: Dile a la gente, recuérdale a la gente, imperativo presente, este es un deber regular, recuérdale a la gente que deben hacer estas cuatro cosas.

En primer lugar: deben recordar su responsabilidad en la sociedad. Recuerden su responsabilidad en la sociedad. Y él da siete virtudes: que se sujeten a los gobernantes y autoridades, que obedezcan, que estén dispuestos a toda buena obra, que a nadie difamen, que no sean pendencieros sino amables, mostrando toda mansedumbre para con todos los hombres. Siete virtudes.

¿Quiere saber cómo vivir en la sociedad? Aquí está cómo: primera virtud, sujétate a las autoridades. Ahora, tu gobernante podía ser César. Tú gobernante podría ser Pilato. Tú gobernante podría ser Félix, podría ser Festo, podría ser Agrippa, podría ser Herodes, podría ser Stalin, podría ser Hitler, podría ser Saddam Hussein -que se sujeten a los gobernantes y autoridades.

Son principios básicos. Eso es lo que se nos manda hacer. Esa es ciudadanía. Ese es el tipo de conducta buena en la sociedad que da un testimonio a un mundo incrédulo y que está observando. No siempre estamos de acuerdo con los líderes, pero siempre somos llamados, según 1 Timoteo 2:1-2, a orar por los reyes y por todos los que están en autoridad y debemos vivir una vida afable y apacible, en toda piedad y honestidad. Esto es bueno y agradable a los ojos de Dios nuestro Salvador. Entonces, nos sometemos. No nos revelamos. No tomamos la ciudad y maldecimos a los líderes. No nos apoderamos del palacio de gobierno. No nos apoderamos del ayuntamiento. Nos sometemos.

Obviamente, nuestra sumisión está limitada por la Palabra de Dios. Si nos piden hacer lo que Dios nos prohíbe que hagamos, no podemos hacerlo. Nosotros tenemos que adoptar la posición de los apóstoles en el libro de los Hechos. Ellos les dijeron: "No prediquen," a lo que respondieron: "Lo sentimos, no podemos obedecer eso. Juzguen si debemos obedecer a Dios o a los hombres".

Llega un punto en el tiempo en el que tienes que hacer lo que tienes que hacer y enfrentas las consecuencias. Fue en el año 1980, un joven en nuestra iglesia, fue un alumno en la Universidad de UCLA, un alumno brillante. Él jugaba en el equipo de béisbol de UCLA y estaba estudiando para ser abogado. Se recibió en UCLA y estuvo estudiando Derecho por un tiempo. Él llegó a nuestra iglesia. Fue salvo. Su padre era un católico irlandés. Su madre fue una mujer japonesa que se casó después de la guerra. Vino de una familia mixta con mucho conflicto en su hogar. Digo, un tipo de conflicto serio tal como un cónyuge persiguiendo al otro con un cuchillo de chef. Un hogar muy, muy, muy difícil.

Bueno, él vino a Cristo. Estuvo involucrado en esta iglesia y estuvo tratando de enfrentar los problemas de su hogar que habían influenciado su vida. Y entonces, vino aquí para ser aconsejado por nosotros. Yo lo recibí en mi hogar donde vivió durante un tiempo, conforme traté de discipularlo en ese ambiente. Y muchos otros de nosotros tratamos de trabajar con él. Lo llevamos a la Palabra de Dios. Oramos con él. Le enseñamos las Escrituras, le enseñamos cómo enfrentar los pecados en su vida y demás. E hicimos lo que pudimos por verlo crecer en el Señor.

Y fue una situación trágica. Él trató de suicidarse. Sobrevivió la primera vez que intentó suicidarse. Y él vino a quedarse otra vez en nuestra casa, conforme tratamos de ayudarle a recuperarse de eso y, realmente, lo bañamos en la verdad de Dios.

Pero él dejó mi casa y después de un tiempo entró en otro conflicto con su padre. Fue tan volátil que él deseó realmente en el momento lastimar a su padre de una manera de la cual su padre nunca pudo recuperarse. Y entonces, él colocó una escopeta en su boca y se voló la tapa de la cabeza en un armario en su casa en donde su padre lo encontró. E inmediatamente, claro, después de que nos enteramos, quedamos horrorizados por todo esto y tuvimos que enfrentar simplemente la tristeza, el dolor de todo esto. Pero no pasó mucho tiempo después que el padre demandó a la iglesia. Y esa demanda estuvo en las cortes durante 10 años. Tuve que defenderme en contra lo que se llamó 'negligencia del clero'. El primer caso de 'negligencia del clero' en la nación, en el mundo, hasta donde sabemos.

Bueno, para acortar la historia, ese caso estuvo en litigio durante 10 años... 10 años. Y el caso se basó en esto: Estas personas son ineptas, no están calificadas y contribuyeron a su precondición para que él se suicidara al aconsejarlo a partir de la Biblia. Ellos deben ser considerados culpables por eso. Ellos deben pagar una cantidad enorme de dinero, obviamente todas las demandas tienen que ver con dinero, para compensar a la familia por la pérdida del hijo, porque ellos contribuyeron a la condición del hijo al hablarle acerca del pecado y hacerlo sentir más culpable, y más culpable y más culpable.

Nosotros sabíamos bien que eso no tenía nada que ver con esto, que todo tenía que ver con su enemistad con su padre. Pero nos arrastraron a la corte. Trajeron a los expertos, trajeron a todo tipo de personas para tratar de destruir la de credibilidad de la iglesia, etc., etc., etc. Tuve que declarar y lo único que dije fue, básicamente, resumiéndolo, fue simplemente esto: "Oigan, somos una iglesia y creemos en la Palabra de Dios y eso es lo que hacemos. Nos mantenemos fieles a la Palabra de Dios". "Pero esta es una sociedad que tiene psicólogos profesionales, consejería psicológica y blablablá. Y deberían haberlo recomendado al psicólogo y haberlo enviado al psiquiatra, etc., etc., etc.". Y nuestra respuesta fue: "No hacemos eso porque creemos que Dios creó al hombre y Dios nos ha dado su Palabra y en la palabra de Dios el hombre encuentra la solución a todos estos problemas de la vida".

Y realmente, estuvimos enfrentando la realidad de que estábamos ahí chocando con la cultura, porque la cultura estaba diciendo que la Biblia es anticuada, la Biblia es un libro antiguo, la Biblia es de mente estrecha, un libro legalista, no le habla a esta época contemporánea. Esta gente debería ser sacada, debería ser cesada. Está causando que la gente se suicide, etc., etc.

Entonces, llega un punto en el tiempo en el que simplemente no puedes hacer lo que la cultura quiere que hagas. Bueno, 10 años de litigio, y ganamos el caso. En primer lugar, fue revertido en la Corte de Apelaciones. Fue devuelto de nuevo a la Suprema Corte del Estado de California. Tuve que dar testimonio frente a la Suprema Corte del Estado de California. Y dieron el fallo a nuestro favor. Ganamos el caso al nivel de la Suprema Corte. Apelaron a la Suprema Corte de Estados Unidos y la Suprema Corte de la nación leyó el caso y dijeron: "Nosotros apoyamos el fallo de la corte estatal". Y después de 10 años, triunfamos. Y el triunfo, y esto es algo maravilloso acerca de nuestro país, se basó en la Primera Enmienda, la cual establece que tenemos libertad religiosa y estaban practicando su libertad religiosa.

No quisimos ser el enemigo de la cultura. Nos quisimos hacer que la cultura fuera el malo en la situación. No quise tener que dar testimonio en contra de los psicólogos y psiquiatras, etc. en la Corte. No quise tener que decir que estaban equivocados y que esto es verdad y que esto es correcto. Pero van a haber ocasiones cuando te ves forzado a estar en una situación en donde debido a que la cultura no aceptará la Verdad de Dios, en donde puede haber conflicto.

Y en cierta manera, eso es lo que pasó en el libro de los Hechos cuando dijeron: "No prediquen". Y ellos dijeron: "Lo sentimos, tenemos un mandato de Dios". Entonces, debemos someternos a la autoridad y hasta que esa autoridad nos diga que debemos hacer algo contrario a lo que Dios nos ha dicho que hagamos, entonces, debemos ser fieles a Dios. ¿Y sabe una cosa?, es Estados Unidos. Y, por lo tanto, tenemos una Primera Enmienda. Si hubiera sido Rusia, me habría ido a Siberia.

Pero eso no cambia lo que haces, ¿no es cierto? Entonces, nos sometemos hasta que llegamos a un punto en el que no podemos someternos porque tenemos un mandato de Dios. Dios nos dice hacer algo que nos prohíben hacer o Dios nos dice 'no hagas' algo que nos mandan a hacer. Fuera de eso, nos sometemos a los gobernantes y a las autoridades.

Me pasó algo que me pareció sorprendente. Fue hace unos dos años atrás, creo, cuando se me invitó que fuera al ayuntamiento de Los Ángeles, a una reunión ahí del Concilio de la Ciudad que básicamente se dedicó al honor de Grace Community Church y a darme una gran placa, usted sabe, con todo el reconocimiento ahí, todo esto agradeciéndome por 30 años de ministerio. Fue algo muy interesante porque hablé ante todo el Concilio de la Ciudad y estaba lleno.

Literalmente, había gente que estaba de pie por todos lados. Todas estas personas. Y muchos de ellos son homosexuales. De hecho, el hombre que recomendó que a la iglesia se le diera este reconocimiento es un homosexual. Es interesante. Y él conoce mi postura. Y él sabe lo que enseño y lo que la Biblia enseña. Sin embargo, fue tan fascinante para mí que nos invitaran ahí. Nos dieron este reconocimiento. Nos honraron frente a toda la ciudad. Nos agradecieron por el impacto que Grace Community Church ha tenido en la ciudad de Los Ángeles. Nunca cambiamos nuestro mensaje. Nunca alteramos nada. Siempre predicamos el Evangelio.

Y ahí dijeron: "Nos gustaría que el Dr. MacArthur dijera algo". Y yo dije: "Muchas gracias, solo quiero decirles que Dios perdona a pecadores y que cualquiera de ustedes puede venir a Él para encontrar perdón a través de Jesucristo. Ese es el mensaje que hemos predicado durante 30 años y eso es lo que quiero que todos ustedes sepan". Y seguí por unos cuantos minutos.

Y saben una cosa, ese es un gran lugar, me encanta estar en un lugar que simplemente está lleno de gente escéptica y tener la oportunidad de predicarles y decirle que Dios perdonará sus pecados.

Pero no es interesante que puedes predicar la verdad, aquí hay gente que está viviendo en oposición a la verdad, que puede reconocer que hay algo en la manera en la que manejas la verdad, que indica que tú te preocupas.

Cuando un policía se muere en la ciudad de Los Ángeles, yo diría 8 de 10 veces, el funeral se hace en Grace Community Church. Cuando un bombero muere, normalmente el servicio se realiza en Grace Community Church porque nos ven como una iglesia que se preocupa por la gente. Puedes hacer eso y nunca tienes que mitigar o hacer concesiones con tu mensaje. Y haces eso al mostrar que eres un buen ciudadano, sometiéndote a las autoridades y claro, Romanos capítulo 13 dice lo mismo.

Sigan ahí, Tito 3:1, más adelante. "Que obedezcan". ¿Qué significa eso? Simplemente obedecer las leyes. Obedecer las leyes. Que estén dispuestos a toda buena obra. Simplemente, cooperen en todo sentido con las autoridades. No seas su enemigo. Sé conocido en la sociedad por tu bondad. Versículo 2: "Que a nadie difamen", ni siquiera a una persona", no *blasphemeo*, no trates a alguien con menosprecio. No calumnies a alguien. Confrontas el pecado, llamas a los pecadores al arrepentimiento, pero no maldices a la gente. No calumnias a la gente. No condenas, no maldices a la gente que son incrédulos.

Y no seas contencioso. No estés peleando con el gobierno. No pelees con tus líderes. *Esamachos*, significa no pelees, sé un pacificador, sé amigable. Y después, él añade: "sino amables". En cierta manera, como un traductor lo dijo, es alguien que es razonable con dulzura, cierta dulzura. Cierta tolerancia que es considerada y paciente con los pecadores.

Y después, lo resume al final del versículo 2: "mostrando toda mansedumbre o consideración para con todos los hombres". Esta, de hecho, es la palabra mansedumbre, *prautes*, mansedumbre. No afirmes tus derechos. Eso es lo que significa. No pelees por tus derechos. No comiences una liga de contraataque cristiano. No ataques a los incrédulos.

Y él dice: "mostrando, al final del versículo 2, toda mansedumbre para con todos los hombres". ¿Se dan cuenta?, aquí estamos viviendo en esta sociedad pagana y ¿qué se nos dice que hagamos? ¿Pelea contra ella, condénala, maldícela? No. Sométete y obedécela. Haz todo lo bueno que puedas hacer, nunca calumnies a nadie, nunca maldigas a nadie. Nunca seas conocido por ser contencioso, peleando por cosas, protestando por cosas. Sé gentil, mostrando toda consideración. Eso es ser manso. Nunca afirmes tus propios derechos o pelees por los propios derechos. Simplemente, deja que Dios se encargue de eso.

Los cretenses eran conocidos por ser rebeldes. Ellos eran conocidos por ser homicidas. Tenían todos los vicios de una sociedad pagana. Y estoy seguro de que hubo cosas que estaban sucediendo en la estructura social que eran muy, muy difíciles de enfrentar para los cristianos. Él dice, 'simplemente, vivan así'. Entonces, tienes que recordar tu responsabilidad en la sociedad.

En segundo lugar, recuerda tu condición anterior. Muy bien, te voy a dar esta rápido. Recuerda tu condición anterior. Esto es realmente bueno.

Observe el versículo 3. El versículo 3 es tan bueno. Observa lo que dice. Oye, ¿se te olvidó? Porque nosotros también éramos, ¿qué? ¿Qué esperas? Tú esperas que un incrédulo actúe como un incrédulo. Antes de que empieces a calumniar y antes de que empieces a pelearte y antes de que seas contencioso y enojado y desconsiderado, y antes de que defiendas tus derechos y pelees contra la cultura y ataques a los no salvos como si fueran el enemigo, por favor, recuerda que nosotros también éramos en otro tiempo insensatos, rebeldes, extraviados. Y él, aquí da siete características de los impíos, como hubo siete virtudes en los versículos 1 y 2, hay siete características del pecador: insensatos, rebeldes, extraviados, esclavos de concupiscencias y deleites diversos, viviendo en malicia y envidia, aborrecibles, y aborreciéndonos unos a otros.

¿Qué esperas? ¿Qué esperas? Tú solías ser así. Siete virtudes en los versículos 1 y 2. Siete vicios en el versículo 3. Éramos insensatos. Ignorantes. Éramos desobedientes. Estábamos engañados. Andábamos ahí perdidos tratando de entender la Verdad. Estábamos esclavizados a varios *epithumea* y *eidonai*, varias pasiones, diferentes tipos de placeres. Pasamos nuestra vida en malicia, esa es la palabra para maldad, impiedad. Éramos envidiosos. Aborrecíamos, aborreciéndonos unos a otros, egocéntricos, consumidos con nosotros mismos. Digo, ¿qué esperas? Eso describe a la gente inconversa. Y solíamos ser así. ¿Se te olvidó eso? ¿Qué esperas de ellos?

Yo no espero del Presidente de los Estados Unidos que actúe de manera diferente de lo que él actúa. ¿Por qué debe él ser virtuoso? ¿Por qué él no va a tener un grupo de mujeres aquí y allá y por todos lados? ¿Qué esperas? La gente que no está convertida vive esclavizada a varias concupiscencias y placeres. Bueno, ¿por qué esperamos que él obedezca la Biblia? ¿Porque esperamos que él promueva la moralidad bíblica? Porque la gente inconversa es desobediente y está engañada. ¿Qué esperas? ¿Van a terminar con una vida bíblica cuando viven en un estado de engaño continuo? No. Es un retrato de los inconversos. Ellos están ciegos a Dios. Ellos están ciegos a la realidad espiritual. Son rebeldes a la ley de Dios. Se resisten a su Verdad. Están totalmente engañados acerca de lo que es verdad. Están engañados acerca de lo que es correcto. Están en esclavitud a la pasión irracional, se alimentan del trato perverso de otras personas. Están llenos de odio, hostilidad y egoísmo. Eso es lo que significa ser inconverso.

Entonces, antes de que los condenes, recuerda, nosotros también éramos iguales. Entonces, recuerda tus responsabilidades. Recuerda tu vida anterior.

En tercer lugar, recuerda tu salvación. La única razón por la que eres diferente, versículo 4, es porque la bondad de Dios nuestro Salvador y su amor para con los hombres se manifestó y esa es una es una indicación de la Encarnación. Literalmente, apareció corporalmente en Jesucristo. Y Él nos salvó. Me encanta eso. Él nos salvó. No por obras de justicia que nosotros hubiéramos hecho, porque el hecho es que estábamos haciendo todo lo que está en el versículo 3, pero fue según su misericordia.

Ahora, permítanme detenerlos ahí. La única razón por la que eres diferente de estas personas es por, ¿qué? Por la misericordia de Dios. No puedes olvidar eso. No puedes olvidar eso. Fue porque Él nos salvó. Él nos lavó en la regeneración. Él nos renovó mediante el Espíritu Santo. Él derramó ricamente en nosotros ese mismo Espíritu Santo mediante Jesucristo, nuestro Salvador.

La única razón por la que eres diferente es porque Dios te salvó; y eso dice él en el versículo 8, es una palabra fiel que has sido justificado por Su gracia. Y entonces, te has convertido en un heredero según esperanza de la vida eterna.

Por cierto, en los versículos, simplemente como un comentario, los versículos 4, 5, 6 y 7, de hecho, cuatro versículos ahí, hay siete aspectos de la salvación. Siete virtudes en el 1 y en el 2, 7 vicios en el versículo 3 y 7 características de la salvación en los versículos 4 al 7. Entonces, esta es una sección bien organizada de las Escrituras por parte de Pablo.

Él dice: "Observa tu salvación. Viene por la bondad de Dios, viene por el amor de Dios, su amor a la humanidad viene por la misericordia de Dios, no en base a obras que hayamos hecho, sino según su misericordia. Viene por la regeneración de Dios. Por el lavamiento de la regeneración. Viene por la renovación de Dios mediante el Espíritu Santo. Viene por el Hijo de Dios mediante Jesucristo nuestro Salvador. Viene por la gracia de Dios, versículo 7, la cual nos ha hecho herederos según la esperanza de la vida eterna".

Entonces, ¿cómo vivimos en este mundo? Vivimos recordando nuestra responsabilidad de someternos a la autoridad y a hacer todas las cosas que indican los versículos 1 y 2. Recordamos que estas personas están actuando de una manera tan mala, tan inmoral, están actuando según su naturaleza porque no están convertidos. Y entendemos eso porque así fuimos nosotros en el pasado.

En tercer lugar, nosotros recordamos nuestra salvación y el hecho es que la única razón por la que somos diferentes de ellos no es por algo que hayamos hecho, es solo debido a lo que Él ha hecho, ¿verdad? Ahora, él dice en el versículo 8: "Tito, quiero que en estas cosas insistas con firmeza. Quiero que le digas a estas personas estas cosas, porque quiero que la gente que cree en Dios haga buenas obras". ¿Por qué? Al final del versículo 8: "porque estas cosas son buenas y útiles a los hombres". Si vives así, vas a llevar a gente a Cristo. Va a ser bueno y útil espiritualmente para los no convertidos.

Padre, gracias por nuestro tiempo de nuevo en tu Palabra. Te damos gracias porque es clara y nos da una perspectiva. Que vivamos así en el mundo para traer gloria a tu Nombre. Te damos gracias por causa de Cristo. Y todo el mundo dijo: Amén.

08_Enfrentando pecados privados

Hablar de la santidad, hablar de pureza en la vida es claro, algo absolutamente crítico. Es el deseo del Señor que seamos conformados a la imagen de su Hijo. Es la Palabra de las Escrituras que, si dices que permaneces en Cristo, debes andar como Él anduvo. Y claro, Él anduvo sin pecado. Este es el punto entero de la santificación.

Y enfrentar esto es realmente crítico, particularmente en su juventud. Aunque nunca olvidaré, estando en el cuarto de un hospital, un hombre de 78 años de edad estaba muriendo del corazón. Estuve de pie y me incliné sobre su cama, y le dije: "¿Estás listo para ir al cielo?" Él estaba llorando y yo estaba un poco preocupado por su condición. Lo había conocido por varios años. Él dijo: "Bueno, mi confianza está en Jesucristo". Setenta y ocho años de edad, pero él dijo: "Simplemente, nunca pude obtener la victoria sobre la pornografía". Setenta y ocho años de edad.

Eso me impresionó bastante, porque él ni siquiera había vivido en esta generación. Él ni siquiera había tenido una computadora, ni vivió la industria de las películas como lo es en la actualidad, ni la televisión, como lo es en la actualidad en los años en los que él cultivó hábitos. Aparentemente, hubo acceso a este tipo de cosas para él. Y aquí estaba él, a sus 78 años de edad; y esa fue la herida profunda, en un sentido, que él estaba llevando al encontrarse con el Señor en el cielo.

Si vas a ganar esa batalla, te voy a decir el día de hoy en dónde debes ganarla. Y me voy a concentrar en el meollo del lugar en el que debe ser ganada la batalla. Y quiero comenzar con una ilustración de un hombre llamado Job.

Ustedes, estoy seguro, que recuerdan a Job. En un momento, voy a llevarlos ahí. Job, de acuerdo con el propio testimonio de Dios, fue un hombre justo. De hecho, en el primer capítulo de Job, en la primera parte del primer capítulo, él no es identificado como uno de los más justos, sino el hombre más justo sobre la tierra. El hombre más puro, el más santo. Eso se presenta frénte al trasfondo de lo que podrías esperar, porque eso se encuentra mucho antes de que la revelación de las Escrituras jamás fuera escrita. Él había vivido en el período patriarcal, en la época de Génesis. Entonces, él no habría tenido ninguna Escritura que leer. Ciertamente, no habría tenido nada de los detalles del Nuevo Testamento acerca de la santificación en que apoyarse.

Sin embargo, él sabía lo que era amar a su Señor con todo su corazón y alma e impactó su vida al punto que Dios lo reconoce como el hombre más justo. Y después, todo salió mal en su vida. Sus hijos, su familia, llegaron a cenar a una de las casas de los hijos. Vinieron los sabeos y atacaron el lugar y asesinaron a toda su familia, a todos sus hijos.

Y después de ahí, fue a sus cultivos y a sus animales. Y después, a su propia salud física. Y terminó con estas úlceras terribles por todo el cuerpo. Digo, hablas de un desastre, tras otro, tras otro. Y la pregunta, claro, que surge en tu mente es: "Si esto le pasa al hombre más justo del mundo, ¿qué significa la bendición? Si ser justo supuestamente debe producir bendición, ¿cómo es que esto funciona?"

Pero bueno, Job está en una situación triste. La única persona que queda en la familia inmediata es su esposa. Y francamente, ella es un dolor de cabeza. Ella le dice: "Maldice a Dios y muere", lo cual es un consejo terrible. Y sus amigos, claro, saben de este desastre horrendo; y entonces, vienen a consolarlo. Y sus amigos se sientan durante siete días y no dicen nada. Estuvieron en silencio durante siete días. Les tomó siete días simplemente de llorar en silencio para alcanzar un punto en el que pensaron que podrían decir algo. Así de profundo era el sufrimiento. Lo único que pudieron hacer era simplemente agonizar con él. Y al final de siete días, dieron discursos.

Durante esos siete días fueron infinitamente sabios, porque no dijeron nada torpe. Tan pronto como abrieron sus bocas, toda la sabiduría se fue y dieron estos discursos ridículos. Y el meollo fue: "Bueno, esto es evidencia de que tú eres un hombre pecaminoso. Esto prueba, sin lugar a dudas, Job, que realmente hay algo que está podrido en tu vida y obviamente, no sabemos eso".

Ahora, recuerden que ninguno de ellos supo de la conversación que Dios mantuvo con Satanás que produjo esto. Ninguno de ellos conoció la evaluación de Dios acerca de Job, porque eso estaba en los consejos secretos del cielo.

Entonces, le dieron el trato estándar que la mayoría de la gente da si estás enfrentando ese tipo de problemas en la vida, debes ser una mala persona. Y entonces, dieron sus discursos torpes y Job escucha. Y después, él les responde en el capítulo 31 de Job al hacer un poco de inventario de su vida. Él dice: "Bueno, hice un pacto con mis ojos y no he estado viendo a ninguna virgen. Si he caminado en mentira y mi pie se ha apresurado buscar el engaño, entonces que Dios me lo muestre, porque veo mi situación y tengo integridad. Si mi corazón ha sido seducido por una mujer o si he estado mirando la puerta de mi vecino, ustedes saben, este es alguien que está observando, que mi esposa esté con otros. Que mi esposa me deje y cocine para alguien más, porque ese sería un clima de lujuria. Si he menospreciado el clamor de mis esclavos, hombres o mujeres, cuando se quejaron contra mí, si no he tratado bien a mis empleados, entonces, que Dios me lo muestre. Si he mantenido alejado al pobre de su deseo, si he causado que los ojos de la viuda caigan, ustedes saben, él se refiere aquí a que ha bajado su cabeza, ella en desesperanza, porque él no satisfizo la necesidad de la viuda. Si he puesto mi confianza en el oro, si me he regocijado de la muerte de mi enemigo". Él está atravesando por una lista de todas las cosas posibles que él pudo haber hecho mal. Y al final de esto, él dice: "Simplemente, no veo nada de esto".

Y en el capítulo 32, versículo 1, de manera tan maravillosa, "entonces, estos tres hombres, dejaron de responder a Job, escuchen esto, porque él era justo en sus propios ojos". Hombre, subrayen eso. Marquen eso. Eso es realmente crítico. Job 32:1. Él fue justo a sus propios ojos. No era cuestión de lo que la gente pensaba de él. Ellos estaban equivocados. Ellos no habían visto ninguno de estos pecados. Él dijo: "Si he hecho algo de esto, díganme". Ellos simplemente lo asumieron porque las cosas no estaban saliendo muy bien. Pero al final del día, él depende no de lo que Dios conoce, porque él no sabe lo que Dios conoce ni lo que ellos piensan. Porque ellos no piensan correctamente. Al final de todo esto, él es justo en sus propios ojos. Él ha hecho una evaluación de su propio corazón y ha sido justificado. Eso es importante.

Permíteme decírtelo de manera simple. Si vas a ser una persona santa, vas a tener que ser una persona justa. Y va a tener que llevarse a cabo en tu propio corazón. Ahí es en donde la batalla tiene que ser peleada. Tienes que poder decir lo que Job dijo: "Soy justo, me he visto a mí mismo, me he examinado, he visto mis motivos, he visto mi corazón y no acepto sus acusaciones". Porque, si es algo menos que eso, va a explotar, te lo prometo. Si no ganaste la batalla en el interior,

123

tarde o temprano se va a aparecer en el exterior. No puedes mantener la tapa sobre eso. Es imposible. No eres tan inteligente, no estás así de alerta. No eres así de disciplinado. Si estás perdiendo la batalla en el interior, cuando nadie lo sepa, cuando nadie ve, y tú sabes que no eres justo ahí, se manifestará. Puedes tener la certeza de que tu pecado, ¿qué?, te alcanzará.

Permíteme llevarte a otro hombre en el Nuevo Testamento. Abre tu Biblia en 2 Corintios capítulo 1. Corintios, como ustedes saben, este es uno de mis libros favoritos, escrito por, a mi juicio, el líder más grande que jamás vivió humanamente, el apóstol Pablo. Porque el modelo de su liderazgo está en esta epístola. En Segunda de Corintios, tienes un mejor vistazo del corazón de Pablo que en cualquier otro lugar en el Nuevo Testamento. Y la razón por la que lo tienes es porque él está bajo ataque. Es lo mismo con Job, él está bajo ataque. Nada más que en esta ocasión no son sus amigos, sino que son sus enemigos. Con Job fueron sus amigos quienes estaban atacando su credibilidad y su integridad. Y Job pasó la prueba al decir que "he examinado mi vida y les quiero decir que soy justo".

Pablo está siendo atacado por enemigos. Ellos, los falsos maestros, una combinación de filosofía griega y oratoria griega, en cierta manera, unidas con elementos judaizantes del judaísmo invadiendo a la Iglesia. Los falsos maestros entraron a la Iglesia corintia. Querían enseñar mentiras como los falsos maestros siempre lo hacen. Son agentes de Satanás y traen doctrinas de demonios. Y como ustedes saben, son como un reloj que no funciona. Están bien dos veces al día. Y eso les da algo de credibilidad. Entraron a Corinto y sabían que iban a enseñar mentiras y trastornar el Evangelio y destrozar a la Iglesia y destruir al evangelismo. Iban a tener que deshacerse de la confianza que la gente tenía en Pablo.

Entonces, decidieron atacar a Pablo. Si podían desacreditar a Pablo, si podían atacar totalmente a Pablo, sucede todo el tiempo, la gente lo hace a sus pastores, como ustedes saben. Alguien que decide que quiere traer una alguna nueva enseñanza a la Iglesia o alguna nueva estructura de poder a la Iglesia, hacen todo lo que pueden para atacar al pastor, destruir al pastor. Sucede no solo en la Iglesia. Sucede en cualquier ambiente. Y eso es lo que pasó.

Entonces, comenzaron atacando a Pablo y básicamente dijeron, y les voy a enseñar la clave aquí, está en el capítulo 4, versículo 2. Él dice:

"renunciando a lo oculto debido a vergüenza. No andando en astucia o adulterando la Palabra de Dios". Y aquí está de lo que estaban acusándolo. Lo estaban acusando, y tienen que en cierta manera ver todo el libro para poder armar todos los pedazos de esto. Estaban acusándolo de pecado sexual, lo estaban acusando de avaricia material. Lo estaban acusando de estar en el ministerio por motivos de dinero. Y por buscar favores de las mujeres. Lo estaban acusando de falsificar sus credenciales apostólicas. Lo estaban acusando de sobreestimar su impacto y eficacia ministeriales. Lo estaban acusando, primordialmente, de tener una vida de vergüenza oculta, secreta.

En otras palabras, él era un farsante. Él era un hipócrita. Él se presentaba como si fuera el siervo de Dios y el hombre de Dios, pero debajo de la superficie estaba esta vida impía, miserable, vergonzosa, escondida. Y que él estaba andando en astucia. Esto es que él era un engañador. Que él no era verdadero a la Palabra de Dios, que él la estaba adulterando. Digo, ese es el resumen. Eso es lo peor que se puede decir, que debajo de la superficie de este proclamador del Evangelio aparentemente piadoso y fiel, había una vida secreta escondida de vergüenza y él no era nada más que un hipócrita.

¿Y saben una cosa? Hay gente en el ministerio para quienes esto es verdad. Están ahí predicando y enseñando y debajo de la superficie, hay una vida escondida de vergüenza. Acaban de descubrir a un pastor así en la parte central de Estados Unidos que predicó en su iglesia durante más de 20 años. Eso significa que probablemente en esa iglesia hubo gente que nació y había crecido hasta llegar a sus años 20, cuando él estuvo allí. Y habían vivido sus vidas bajo el liderazgo de este hombre. En la iglesia, descubrieron que, durante esos 20 años, le habían estado dando dinero porque él tenía un deseo por dárselo a las familias pobres en el área. Como un testimonio de la Iglesia. Y le dieron efectivo para que pudiera dárselo a familias pobres. Comenzaron a hacer algo de estudio y descubrieron que las familias pobres nunca recibieron eso. Sino que las prostitutas locales lo recibieron durante un período de 20 años. Ahora, esa es una vida secreta escondida de vergüenza. Él fue expuesto.

Y claro, inmediatamente la gente entonces que se había sentado bajo su ministerio durante 20 años, regresó a lo largo de 20 años en su mente y se preguntaron, ¿qué ha pasado en estos 20 años? Si este hombre sin el poder y la influencia del Espíritu de Dios ha sido mi maestro… Cosas horrendas como estas suceden de vez en cuando. Y hay personas que tienen una vida escondida de vergüenza. Y ustedes lo saben, han experimentado algunas cosas como esas también. Algunas veces, inclusive son sus padres o alguien en su familia, quienes aparentan ser alguien en la Iglesia, pero debajo de su vida, son como sepulcros blanqueados llenos de huesos de muertos.

Entonces, dijeron eso de Pablo y quiero que vean la respuesta de Pablo. Segunda de Corintios capítulo 1, versículo 12, porque creo que esto nos lleva de regreso a la médula de lo que estamos hablando aquí, este es el corazón y alma del asunto. Nuestra confianza es esta. Ahora Pablo dice miren, tengo que responder a estas acusaciones. Ahora, quiero que sepan que Pablo es un hombre humilde. Sabemos eso de manera muy clara. Se ve eso en todo lo que él escribe. Él es un hombre no egoísta. Él es un hombre que exalta a Cristo. Él no quiere hacer nada más que exaltar a Cristo y a este crucificado. Él, cuando se le pidió que presentara sus credenciales apostólicas dijo: "Yo he sido golpeado más que ustedes. Estuve en un naufragio y todo eso, apedreado y dejado para morir". Él vio su sufrimiento como la verdadera credencial de su apostolado, porque ahí estaba la esencia de su humillación por causa del Evangelio. Él no fue un hombre orgulloso. Pero él estaba dispuesto a defenderse a sí mismo en contra de acusaciones falsas, porque él no quería que la gente creyera que no era verdad su vida. Y, por lo tanto, desacreditar su ministerio. Y, por lo tanto, alejarse de la verdad que él predicaba.

Entonces, él, sin muchas ganas, porque odia hacer esto, se defenderá a sí mismo y lo hará. Lo hará. ¿Y cómo lo hará? Estuve en un avión cruzando los Estados Unidos y uno de los predicadores entre comillas más prominentes evangélicos de la televisión estaba sentado atrás de mí en el avión. Y él bebió demasiado. Llegó al punto en el que él estaba en estado de ebriedad. Me vio y él sabía quién era yo. Y después él, desconozco la razón, no le caí bien. Y entonces, en su falta de dominio propio, decidió decírmelo. Él simplemente me reprendió fuertemente. Y yo le dije: "Bueno, esto es algo muy interesante que estás sentado aquí y me estás hablando, porque en este momento estoy escribiendo una evaluación de tu libro para la revista mensual de Moody. Entonces, quizás te podría hacer algunas preguntas personales para asegurarme de que entiendo esto correctamente".

Bueno, esa fue una reunión providencial bastante asombrosa. Él empezó a hablarme y usó algunas palabras profanas en contra de mí. Y escribí la evaluación y fue publicada. Más tarde, unas dos semanas después de este incidente en el avión, recibí un sobre grueso, así de grueso, escrito por él lleno de 15 cartas escritas por toda persona que estaba en su personal, que lo conocía, diciendo qué persona tan maravillosa él era. "Yo he trabajado con este hombre..." y párrafo tras párrafo. Quince cartas de todas estas personas diferentes en su organización.

¿Y saben una cosa? No creí eso. No lo creí. ¿Qué es eso? Yo vi lo que estaba en su corazón. Cuando él estuvo bajo la influencia del alcohol, la realidad se manifestó. Entonces, ¿qué va a hacer Pablo para defenderse a sí mismo? ¿Va a decir: "Aquí están quince cartas de mis amigos más cercanos? ¿Dicen que tengo una vida escondida de vergüenza?" No. No la tengo. Y aquí están quince cartas. No.

Vean el versículo 12. Aquí esta nuestra confianza, el testimonio de nuestra conciencia. Miren, Pablo dice: Quiero decirles, he visto en el interior y aquí está el testimonio de mi propia conciencia. En santidad y en sinceridad piadosa, no en sabiduría carnal, sino en la gracia de Dios. En otras palabras, esta santidad y esta sinceridad piadosa viene por la gracia de Dios, no por la sabiduría de mi carne. Pero les estoy diciendo algo: en mi conciencia me dice que nos hemos conducido en el mundo y especialmente hacia ustedes de una manera que es santa y piadosa.

Quiero decirles algo: si no puedes decir eso, tienes un problema. Realmente, tienes un problema porque solo es cuestión de tiempo antes de que se manifieste. Si no puedes decir con Job "me he examinado de manera completa y les quiero decir: soy justo, tan justo como un hombre puede ser delante de Dios". Si no puedes decir eso, tienes un problema serio, porque estás perdiendo la batalla en el interior. Y se va a manifestar en el exterior porque cuál es tu pensamiento en tu corazón, tal eres tú.

Y si se te acercan y te dicen: "¿Tienes una vida secreta de vergüenza encubierta?" Si alguien viniera y te acorralara y te dijera: "¿Hay cosas secretas en tu vida, hay cosas vergonzosas que solo tú conoces que estás tratando de encubrir?" y además, ¿podrías ponerte de pie con el apóstol Pablo y decir: "Mira, mi confianza orgullosa es esta: que mi conciencia me dice que me he conducido en el mundo, eso significa en el mundo afuera de la Iglesia, cuando nadie está viendo, y me he conducido en la Iglesia ahí con ustedes de tal manera que mi conciencia me dice que me he conducido en santidad y sinceridad piadosa, no por mi propia capacidad carnal, sino por la gracia de Dios que está operando en mí". Ahí está. Ese es el lugar más seguro en el mundo en el que jamás estarás. Y esa es la corte terrenal más elevada. Dios es la corte celestial más elevada. La corte terrenal más elevada que es la conciencia.

Algunas veces, la gente viene a mí y me dice: "Bueno, tú sabes, John, ¿a quién le rindes cuentas? ¿A quién le rindes cuentas?" Eh... hay una lista inmensa de personas a las que les rindo cuentas. A ustedes, les rindo cuentas. Ustedes esperan un cierto tipo de conducta de mí, ¿no es cierto? Yo les rindo cuentas, créanme. Ustedes tienen expectativas de que yo, como un hombre de Dios, como un maestro de la Palabra de Dios, como el presidente de una Universidad que lleva el nombre de Jesucristo, ustedes tienen expectativas en mí de que yo, de manera legítima establezca el hecho de que debo vivir una vida piadosa. Que debo vivir en santidad y sinceridad piadosa. Ustedes tienen esa expectativa de mí. Esa expectativa de mí es un punto de rendición de cuentas. Y si ustedes la tienen, y están aquí por un tiempo y se han ido y la facultad está aquí todo el tiempo, la tienen en una base permanente.

Y después, hay gente que me rodea, gente con la que trabajo, como Mark y Dick y Brad y Kevin y otros; y tienen expectativas de mí. Y también las otras personas con las que trabajo en los diferentes ministerios. También los ancianos de Grace Community Church. Y también la congregación ahí. Tengo mucha rendición de cuentas ahí. A mi esposa, ella cree que debo hacer todo lo que predico de manera perfecta. Y le digo: "Mi amor, yo predico un mensaje mejor del que puedo vivir. Digo, por favor, dame algo de colchón, un poquito". Esa es mucha rendición de cuentas.

Mis hijos esperan que viva lo que predico. ¿Crees que tienen una expectativa para mí? Claro que sí la tienen. Mis nietos esperan que yo viva una vida que apoya lo que yo digo que creo. Y esas personas, como ustedes saben, están a diferentes niveles a mi alrededor, moviéndose en niveles muy íntimos, en donde la gente que trabaja de cerca conmigo me han visto en toda situación. Y siempre me sorprende.

Estuve en un elevador en otro país no hace mucho tiempo y le pregunté a una persona algo así como: "¿En qué piso está tal y tal?" Y alguien se volteó y dijo: "Yo conozco esa voz, tú eres John MacArthur". Oh, eso me pasa bastante. Caminando por la calle en algún punto en alguna otra parte del mundo, la gente, ustedes saben, rindo cuentas. Pero permítame decirles algo. Nadie en este planeta conoce lo que hay en mi corazón. Nadie. Y no puedo rendirle cuentas a nadie a ese nivel. Ahí es en donde la batalla se gana o se pierde. Y si tú estás perdiendo ahí, vas a perderla afuera, porque no puedes mantener la tapa sobre eso.

Pasa a Santiago, y como ustedes saben, no sabía lo que iba a decir hasta que comencé a decirlo. Y entonces, vamos a seguir y vamos a ver hasta dónde llegamos. Es algo divertido, como ustedes saben, vas y te oyes, porque no sabes lo que vas a decir.

Santiago 1, pero estoy hablando del corazón, entonces ustedes entienden pasajes que vienen a mi mente. Versículo 14: "sino que cada uno es tentado cuando él es atraído y seducido por, ¿qué?, díganlo..., por su propia concupiscencia". Ahí está el problema. El problema no es lo que está afuera, sino es lo que está adentro. Cinco personas podrían ver la misma imagen y tener cinco reacciones diferentes a esa imagen. Cinco personas podrían oír la misma conversación y tener cinco respuestas diferentes. Lo que importa es lo que está en el interior. El problema está en el interior. La tentación se lleva a cabo en el interior. Cuando eres llevado. Es como si simplemente te coloca un garfio en tu nariz y te arrastra como un esclavo. Y después, versículo 15: "cuando la concupiscencia ha concebido da a luz a, ¿qué?, al pecado".

Y ustedes lo saben, lo concibes en tu mente y nace en tu vida. Y al final, es algo mortal. El versículo 15 dice que da a luz la muerte y esa es la razón por la que el versículo 16 dice: "no os engañéis, amados hermanos", no se engañen pensando que pueden cultivar en sus corazones pensamientos malos y cosas así y que no afecten sus vidas y sin manifestar pecado e inclusive, muerte. Entonces, debes ganar la batalla en el interior.

Ahora, hagamos más diagnóstico. Vayamos al interior y les voy a dar algunas categorías en que pensar. A lo largo de los años, he tratado de reducir esto a algo que podamos, en cierta manera, entender. Permítanme ver si puedo redefinirlo un poco el día de hoy.

Lo primero que es problemático en el interior es el pecado pasado. El pecado pasado. Nos gusta pensar que una de las bendiciones que Dios nos ha dado es una memoria buena. Hay veces en las que le doy gracias a Dios por una memoria mala. ¿Pueden entender eso? Hay tantas cosas, de hecho, la mayor parte de las cosas que he oído y visto en mi vida, me gustaría olvidarlas. ¿No te gustaría olvidarlas a ti? Solo queremos una memoria buena cuando alguien dice cosas amables de nosotros o cuando tenemos estas experiencias realmente agradables o cuando estamos teniendo una prueba, un examen. Pero los pecados del pasado son un problema serio porque tú puedes pecar al acordarte del pasado.

Me acuerdo cuando estuve hablando con un hombre en una ocasión, que se había casado con una joven cristiana hermosa y antes, él había vivido una vida realmente descarriada, llena de inmoralidad. Y fue poco después de su luna de miel que él se casó con esta muchacha cristiana pura, hermosa. Y yo le dije: "Bueno, ¿disfrutaste mucho de tu luna de miel?" Algo así de manera cotidiana, conversando. Resultó ser bastante profundo. Él dijo: "No, no". Yo le pregunté por qué. Y él dijo: "Porque simplemente estuve pensando en todas las experiencias sexuales pasadas y, simplemente, no podía mantener mi mente pura".

Con su propia esposa, en su propia luna de miel. Es reciclar el pasado. Jóvenes, en este punto en sus vidas, están llenando su almacén de memoria y les voy a prometer una cosa: si ustedes meten cosas ahí que son pecaminosas, Satanás es realmente bueno en reciclar esas cosas. No es nada más cuando lo hiciste. Sino que regresa. Es como las imágenes de esos vídeos que no deberías haber visto. Las imágenes en Internet que no deberías haber visto. Las películas que no deberías haber visto. Las letras de las canciones que no deberías haber oído. Las imágenes que fueron retratadas de manera vívida en tu mente cuando estabas leyendo algo que no deberías haber leído. Eso no se va. Lo hace vívido. Memorias vívidas. Particularmente, si estás sentado en el cine viendo a gente hacer cosas que no deberían estar haciendo. Y son de varios metros a todo color. Imágenes difíciles de olvidar. Lo que sucede es que te deleitas en la memoria de pecados pasados.

No puedo decirles cuántas veces he hablado con homosexuales que han llegado a conocer a Cristo. Les he preguntado cómo les va e inevitablemente, inevitablemente —muchos de ellos se han convertido en Grace Community Church y ni siquiera sabrían esto, muchos de ellos se han casado y han seguido con la vida—, pero inevitablemente, me dicen lo mismo. Simplemente, no pueden deshacerse de esas experiencias pasadas. Siguen reciclándolas. Esa es la razón por la que David dijo esto. David le dijo a Dios en el Salmo 25:7: "De los pecados de mi juventud, y de mis rebeliones, no te acuerdes".

¿Qué estaba haciendo él? Él estaba diciendo: "Dios, ¿podrías, por favor, olvidar lo que yo no puedo olvidar? Yo no lo puedo olvidar". En Ezequiel 23, el Señor condenó a Israel. Y la manera en la que lo hizo, comparó a Israel con una ramera, una prostituta llamada Aholiba. Y esto es lo que dijo acerca de la ramera que fue análoga a Israel. Y cito, Ezequiel 23:19: "Aun multiplicó sus prostituciones". En otras palabras, ella simplemente se involucró en prostitución multiplicada. ¿Cómo? ¿Cómo es que ella multiplicó sus prostituciones? Escuchen esto: "trayendo en memoria los días de su juventud, en los cuales había fornicado en la tierra de Egipto".

En otras palabras, él dice: Israel es como una ramera que envejece y lo único que le queda es una vida entera de prostitución que recordar. Y eso es Israel. Israel está plagada por la memoria de toda su juventud y toda la prostitución. Satanás va a tomar la basura de tu pasado. Y ustedes todavía no tienen mucho del pasado en sus vidas aún, entonces, protejan su pasado al proteger su presente, porque siempre van a vivir con ese pasado en el trasfondo potencialmente para ser reciclado.

Algunos de ustedes saben exactamente lo que quiero decir. Ustedes se involucraron en un pecado en algún punto. Pueden, de hecho, tener ese pecado regresando a la mente, pueden aceptar la tentación, entrar a la concupiscencia y volver a saborear esa experiencia pecaminosa de concupiscencia; y simplemente, reciclarla en su mente. Ciertamente, eso es lo que Jesús tuvo en mente en parte cuando Él dijo: "Si ves a una mujer simplemente para codiciarla, ya cometiste adulterio en tu corazón". Y no solo una vez, sino cada vez que reciclas eso.

Entonces, ese es el pasado, y necesitas protegerlo. Y después, está el futuro. Ustedes saben, su mente no solo quiere pecar en el pasado, sino que también quiere pecar en el futuro. Eso es realmente sorprendente. No solo quiere remontarse al pasado y reciclar toda la basura del pasado, sino que quiere inventar pecado para el futuro.

El Salmo 36 es tan útil. Escuchen lo que dice: "él planea impiedad en su cama". Guau, estás pensando en una persona con la que no has hecho algo, pero estás pensando en cómo sería si lo hicieras. Literalmente, estás pecando a nivel futuro, tramando planes malos. Encuentra eso si lees a lo largo del Salmo 64, Proverbios 14, veamos, Proverbios 15, Proverbios 24, hay una sección en Proverbios 6, habla de tramar planes malos. Planear la maldad. Lo llamamos pecado premeditado, ¿no es cierto?

Entonces, como pueden ver, su mente es algo aterrador. Entonces, tienes que enfrentar los pecados del pasado que se reciclan. Después, tienes todos los planes para pecados en el futuro en los que te has permitido involucrarte o pensar. Esas cosas en ambas direcciones se estimulan por cosas que lees, cosas que ves, etc. algunas veces, esos pensamientos no solo son acerca de la lujuria. Algunas veces, son acerca del enojo. Estás sentado en tu cama pensando cómo vas a vengarte de tu maestro que te dio una C. Estás sentado en tu cama pensando cómo vas a vengarte del hombre, de la persona que te hizo ver mal en cierta situación. Estás pensando en cómo va a satisfacer tu avaricia o tu envidia al robar algo. Como vas a elevarte a ti mismo en cierto ambiente. Es un pecado de orgullo. Y realmente, no lo has hecho, pero estas tramándolo; y la trama en sí es pecado.

Entonces, tienes que enfrentar los pecados que se dirigen hacia el pasado y pecados que se dirigen hacia el futuro, conforme los planeas. Y después, claro, a la mitad está el pecado presente en tu mente. Y este es Santiago 1, este es el mundo de fantasía de la mente.

La Biblia llama a esto la imaginación. En Génesis 6:5 dice que Dios vio el mundo y lo único que vio fue toda la imaginación de su corazón era de continuo solamente el mal. El pecado tiene que ver con la imaginación. Tiene que ver con fantasías. Tiene que ver con ver y codiciar. Es como dice Proverbios 24:9: "El pensamiento del necio es pecado". Simplemente, el pensamiento de alguna desobediencia o de alguna iniquidad, simplemente el pensamiento es pecado... Solo el pensamiento. Y esa es la razón por la que regresas a lo que les leí en Santiago 1. El pecado es concebido en esa fantasía, en esa imaginación.

Entonces, digo, todavía estamos diagnosticando el asunto aquí y la batalla tiene que ser ganada en el interior en la mente, en la conciencia, en el corazón. Esa es la razón por la que David dijo: "Crea en mí un, ¿qué?, un corazón limpio". Crea en mí un corazón limpio, Señor, simplemente lleva a cabo la obra en el interior.

Ahora, no es fácil hacer eso, porque pensarías "bueno, ustedes son mayores, no tienen el mismo problema". Claro, hay cierta madurez espiritual, hay cierta frecuencia decreciente del pecado, hay cierto amor hacia la justicia que se incrementa, pero cuanto más pasan los años, más grande es el banco de memoria de cosas pecaminosas y eso puede ser reciclado.

08_Enfrentando pecados privados

Esa la razón por la que Pablo dijo: "Oh, miserable de mí, ¿quién me librará de este cuerpo de muerte?" Esa es la razón por la que Pablo dijo: "Porque para mí el vivir es Cristo y el morir es, ¿qué?, ganancia". No fue porque él quería traer puesta una corona, fue porque él quería ser liberado del pecado pasado, presente y futuro que lo asediaba. Esa es la razón por la que el cielo me es atractivo. No me importan francamente las calles de oro. Digo, no me mueve eso mucho. Estoy seguro que lo disfrutaré cuando llegue. Realmente, no puedo comprender cómo se ve el oro transparente; y nunca me he imaginado que una perla sea tan grande como para que sea del tamaño de una puerta entera. Esas son cosas algo interesantes y novedosas.

Pero lo que me interesa acerca del cielo es la ausencia del pecado. Y ahí es donde David estaba cuando dijo: "Crea en mí un corazón limpio". La obra debe concentrarse en el interior y debe ser llevada a cabo ahí. Entonces, simplemente estoy tratando de darles el enfoque, jóvenes, ahí es donde la batalla debe ser ganada. Y si la están perdiendo ahí, saben lo que necesitan hacer. Permítanme darles algunos pasos.

Confiesa y deja cualquier pecado que sea un pecado secreto. Estoy hablando en términos prácticos, aquí de frente, de rodillas, de manera explícita, dile las palabras al Señor. Si nadie está a tu alrededor, dilas en voz alta y confiesa y deja cualquier pecado o patrón de pecado que está en el interior y que nadie conoce. Isaías 55:7: "Deje el impío su camino y el hombre inicuo sus pensamientos". Deja esos pensamientos y comienza al confesar. Despedaza a Agag, no lo dejes vivir. Una analogía del Antiguo Testamento de 1 Samuel 15. Dejaron al rey vivir, al cual Dios dijo que lo mataran. Y entonces, él regresó, y regresó y regresó; y cada vez que regresaba, él volvía a ser destructivo. Y Dios dijo: "¿Por qué no lo mataron cuando yo dije que lo mataran?" Cuando encuentres pecados que están ahí, despedaza a Agag.

En segundo lugar, no te expongas a atracciones malas. Job 31:1, Job dijo: "Hice pacto con mis ojos". Hice pacto con mis ojos. Y él dijo: "¿Sabes una cosa? He guardado mi pacto". Guarda lo que ves. No estoy hablando de un vistazo o una mirada, estoy hablando de guardar lo que ves y absorbes.

Otro elemento es: aliméntate de la Palabra de Dios. David dijo: "En mi corazón he guardado tus dichos para no, ¿qué?, pecar". ¿Saben una cosa? Es sorprendente cuando estás saturado de la Palabra de Dios lo rápido que eso frena las cosas. Eso es lo que la Biblia se refiere cuando dice: "La palabra de Cristo more en abundancia en vosotros". Lo cual es lo mismo que estar lleno del Espíritu, exactamente. Estás lleno y controlado por el Espíritu Santo cuando la Palabra de Dios domina tus pensamientos. Aliméntate de la Palabra… Aliméntate de la Palabra. Digo, puedo decirte, es tan simple como esto, lo que sale de tu vida está en proporción directa a la ingestión de verdad escritural en tu vida.

Y estoy hablando acerca de una ingestión profunda. Entonces, comienza con lo negativo, confiesa y deja el pecado. Sé específico. Si hay patrones de pecado en tu vida secreta privada, que nadie conoce, tú trae eso ante el Señor. Confiesa y deja esas cosas. Y después, evita atracciones malas. Cualquier cosa que incite al pecado.

Para algunas personas, simplemente no sigas recibiendo catálogos de cosas que no necesitas. Sino que eso genera descontento. Digo, hay un millón de maneras en las que puedes enfrentar eso. Aliméntate de la Palabra de Dios y después, pienso en Filipenses 4:8: "Piensa en cosas justas". Digo, eso es tan práctico como puede ser. Piensa en cosas justas. "Todo lo que es verdadero, todo lo justo, todo lo honesto, todo lo puro, todo lo amable, todo lo que es de buen nombre". Digo, si hay algo digno de alabanza, entonces, que tu mente se concentre en esas cosas. Encuentra cosas dignas de alabanza. Cosas espiritualmente excelentes, cosas que honran a Dios.

Otra cosa práctica: cultiva amar al Señor. Cultiva amar al Señor. Yo no puedo entender lo que Dios está haciendo en mi vida, pero yo diría simplemente desde mi punto de vista humano, la influencia más grande en mi vida a lo largo de los años ha sido mi estudio de Jesucristo. Sea Mateo, Marcos, Lucas, Juan; he pasado casi nueve años enseñando Mateo. Y después, cuando hice eso, regresé y escribí un comentario de Mateo. Y después, regresé y escribí las notas en la Biblia de estudio acerca de Mateo. Entonces estudié Mateo, no sé, quizás durante 10 u 11 años Mateo. Y he pasado varios años estudiando el Evangelio de Juan.

Y ahora, estoy estudiando el Evangelio de Lucas. Y he estado, no sé, un par de años haciendo eso. Y estudié el libro de Hebreos, el cual exalta a Jesucristo de manera absolutamente abrumadora y magnífica. He estudiado el libro de Colosenses varias veces en mi vida y eso también es una exaltación del Señor Jesucristo. Una de las experiencias más gloriosas que he tenido es estudiar dos veces el libro de Apocalipsis y enseñarlo dos veces y de manera completa; y después, escribir un comentario de dos volúmenes también del libro de Apocalipsis.

Supongo que, si añadieras los 35 años del ministerio, quizás 25 de esos años he estado estudiando de manera bastante directa a Jesucristo y después, en el resto de las epístolas, como en el libro de Romanos, estás tratando directamente. Y Gálatas indirectamente y las epístolas Tesalonicenses y las otras epístolas también. Pero realmente creo que el contribuyente más grande a la manera en la que en mi hombre interior espiritual funciona es mi amor por Jesucristo.

Cada pasaje, y no sé si detectan esto si me oyen predicar de los Evangelios, literalmente, literalmente me encuentro a mí mismo emocionado por el proceso de aprender más de Jesucristo. Cada pasaje en los Evangelios —ahora, claro, en Lucas— cada pasaje, simplemente abre su belleza y su majestad y su gloria; y me está llevando a un punto más allá que la mayoría de la gente, por mucho, porque, ¿quién hace esto? La gente normal no pasa su vida entera estudiando la semana entera durante décadas. Entonces no tienen la oportunidad de entrar en tanta profundidad en las cosas de Cristo como yo. Pero les voy a decir una cosa, el factor más controlador de mi vida es el amor que yo tengo hacia Jesucristo.

Y no es algo sentimental, no es algún tipo de asunto sentimental inducido por alguna emoción. Es esta realidad de quien Él es y la gloria y la maravilla de su persona y lo que Él ha hecho y cómo Él me amó lo suficiente como para entregar su vida por mí. Y cómo fui escogido en Él desde antes de la fundación del mundo para que fuera conformado a su imagen para vivir en su presencia por los siglos de los siglos y reflejar esa imagen. Y todo lo que se encuentra en eso, todas las características de Cristo, la maravilla de su mansedumbre y gentileza y, sin embargo, su fortaleza y la combinación perfecta de gracia y gloria y justicia y ternura. Y lo ven desarrollándose en cada página de las Escrituras. Para mí, ese es el contribuyente más importante para la victoria en el interior que tengo y tengo dificultad con la idea de que el Señor Jesucristo se decepcione de mí.

No quiero que ustedes se decepcionen de mí. En cierta manera, puedo controlar eso por afuera. Yo no quiero que mi esposa y mis hijos queden decepcionados de mí, puedo controlar eso en el exterior. Yo no quiero que Jesucristo se decepcione de mí y Él conoce mi corazón. Y como Pedro estoy diciendo: "Señor te amo, te estoy diciendo que te amo. Sé cómo se ve, pero todavía te amo". Y después, Pedro finalmente le dice, usted recuerda: "Señor, tú conoces mi corazón, tú sabes que te amo". Juan 21. Y Jesús le respondió al decir: "Alimenta a mis ovejas. Sé que me amas, Pedro". Eso para mí, cuando todo se ha terminado, es donde se gana la batalla. Entonces, conoce a tu Salvador. La gente cristiana se sienta en iglesias por todo el mundo toda su vida y solo tienen un conocimiento superficial de Cristo que quita, desde mi punto de vista, el motivo más poderoso, poderoso, para la santidad.

Padre, de nuevo estamos agradecidos esta mañana porque se nos ha dado tu Palabra para que podamos saber qué es lo que tú quieres de nosotros, pero para que también conozcamos a nuestro Salvador glorioso. Oro por estas personas que están aquí, yo como uno de ellos que tiene que pelear las mismas batallas y las ha enfrentado a lo largo de todos los años de mi vida.

Ayúdalos, oh Dios, a ganar en el interior y que haya un quebrantamiento real en muchos corazones y una apertura real, honesta y que puedan encontrar ese lugar secreto en donde pueden descubrirte lo que tú ya conoces e intercambiar ese engaño por un amor verdadero y puro hacia ti, para que los escondan en el corazón, no se desate como una cisterna rota algún día y se exponga su vida sucia a todos los que le rodean. Que ganen la batalla ahora en el interior, día tras día, conforme confiesan y dejan el pecado una y otra vez, conforme se alimentan de la Palabra, conforme piensan en las cosas que son santas y puras. Y, sobre todo, conforme crecen en su amor hacia nuestro querido Señor Jesús, el cual se entregó a sí mismo por nosotros y en cuyo nombre oramos. Amén.

09_Entendiendo tu ambición

Se me ha dado el privilegio maravilloso de abrir la Palabra de Dios con ustedes durante un poco de tiempo. Y si tienen su Biblia en la mano, 2 Corintios 5. Simplemente, quiero hacer algunos comentarios acerca de dos versículos en las Escrituras.

Cuando piensas en la educación universitaria, cuando piensas en jóvenes, cuando piensas en gente que se ha graduado de la Universidad y ha seguido con su vida buscando diferentes carreras, claro que nos incluye a todos los que estamos aquí el día de hoy. Pero todos nosotros tenemos una cosa en común y eso es que estamos orientados a una meta. No estamos flotando siendo llevados por la corriente de algún río. Hay una motivación y un deseo y una pasión en nuestras vidas y hay algunos objetivos que hemos establecido.

Y esto da lugar a una palabra que creo que es usada mucho en este tipo de ambiente. Y quizás, necesita ser un poco definida. Es la palabra ambición. Segunda de Corintios capítulo 5 nos da un entendimiento bíblico de la ambición. Segunda de Corintios 5:9. Pablo habla aquí acerca de sí mismo. Le gusta usar el pronombre plural nosotros, en cierta manera le quita el aguijón del pronombre yo. Si hubieras escrito tantas epístolas como él, podría volverse algo abrumador. Y entonces, le gusta usar el 'nosotros' editorial. Y él dice esto: "Por tanto procuramos también, o ausentes o presentes, serle agradables".

Pablo tuvo una ambición. Pero la ambición en nuestro mundo en la actualidad tiene tonos que son negativos. Cuando alguien habla de la palabra ambición, en cierta manera, asumes que quizás, en algún punto en paréntesis, las palabras 'sin escrúpulos' deberían aparecer. O quizás la palabra 'oscuro' debería aparecer. Simplemente, hay algo en la idea de la ambición que nos empuja un poco más allá de lo que podríamos considerar como algo virtuoso. Thomas Brooks escribió, y cito: "La ambición es un misterio oscuro. Un veneno secreto. Una plaga escondida. La ambición, dijo él, es el ingeniero del engaño, la madre de la hipocresía, el padre de la envidia. La ambición, dijo él, es el vicio original. Fue la ambición lo que llevó a Satanás y a los ángeles que lo siguieron a que fueran expulsados del cielo. Fue la ambición lo que hizo que Adán y Eva fueran expulsados del huerto. Fue la ambición lo que hizo que Judas fuera arrojado al infierno. La ambición es el destructor de la virtud, el enceguecedor de los corazones. Lo que convierte a la medicina en enfermedad y al remedio en algo malo", dice Brooks.

Y ciertamente, la ambición ciega ha causado que mucha gente venda sus almas, hagan concesiones con sus convicciones, si las llegaron a tener, que violen sus creencias, que sacrifiquen su virtud y usen a todo el mundo como ellos quieren. Y es verdad. La ambición con frecuencia se asocia con el orgullo y, en cierta manera, con la agresión malvada y con el egoísmo. La ambición, con frecuencia se asocia con gente que llamamos gente motivada, que son totalmente desconsiderados hacia la gente que los rodea. O son todo menos siervos líderes abnegados. La ambición inclusive podría ser asociada con la idea de ser descuidado. La ambición puede dejar una carnicería detrás de ella y a la familia entre los amigos. Y con frecuencia, deja los principios ahí en el polvo.

Pero, ¿qué hay acerca de esa palabra ambición? ¿Qué es realmente? Viene de una palabra en latín, *amberae*. Lo que es interesante que *amberae* significa ambos. Parece una palabra más bien inocente. ¿Cómo llegó a este punto? Pero se refería a ir en ambos caminos al mismo tiempo, a tener duplicidad, a ser de doble ánimo, a decir una cosa y creer algo más. Pretender tener un objetivo y, de hecho, tener otro. Es el Señor que ve hacia ambos lados del Progreso del Peregrino. Y fue aplicada a la persona que no tenía convicción en absoluto, que haría lo que fuera, diría lo que fuera por obtener una meta egoísta, nunca revelando realmente la verdad, intentando o tratando de convencerte de que iba en una dirección cuando de hecho, iba en otra dirección.

La palabra, en su forma en latín, fue una palabra en común que se usaba para describir a los políticos romanos. Y ciertamente sería la palabra correcta en su forma latina para describir a uno de los candidatos presidenciales bien conocidos para nosotros, quien también fue el señor que veía en ambas direcciones.

Para adquirir el poder, para adquirir prestigio, para alcanzar tus objetivos, para llegar a adoptar la postura que necesitas tomar en cualquier asunto. Le muestras a la gente el rostro que sea necesario que les debas mostrar para adquirir el poder, sea que tenga algo que ver o no con lo que realmente crees. Y fue una palabra que pertenecía a la política romana porque hacían lo que fuera por obtener votos.

La palabra, de hecho, en latín, llegó a significar "hacer una campaña para promoverse". Entonces, si quieres una especie de definición histórica de ambición fue estar en campaña para alcanzar una promoción y es tan vívida para nosotros en el mundo en el que vivimos en la actualidad, particularmente con la elección que está por venir. Y todo a lo que hemos sido sobreexpuestos. La gente ambiciosa quiere poder, quiere posición, quiere visibilidad, quiere popularidad, quiere aprobación, quiere dinero, quieren reconocimiento, quieren autoridad.

Hubo un líder misionero hace años atrás llamado Stephen Neal quien escribió esto, y cito: "Me veo inclinado a pensar que la ambición en cualquier sentido ordinario del término casi siempre es pecaminosa. Estoy seguro de que en el cristiano siempre es pecaminosa. Y que no es justificable y pecaminosa en el ministro ordenado".

¿Es un pecado ser ambicioso? Bueno, a la luz de la definición en latín lo sería. Si es hipocresía, si es hacer lo que necesitas hacer para obtener lo que quieres a costa de lo que sea y de quien sea a lo largo del proceso. Realmente, como ustedes saben, es debido a la ambición pecaminosa que Jesús vino al mundo. Porque nosotros, pecadores, queremos ser grandes, Cristo se volvió pequeño. Porque nosotros no queremos inclinarnos, Él se inclinó. Porque queremos gobernar, Él vino a servir. Hay un sentido en el que Cristo vino al mundo para rescatarnos de nuestra ambición condenadora.

El profeta Jeremías, en cierta manera, habló de este asunto en términos muy directos. Jeremías 45:5: "¿Y tú buscas para ti grandezas? No las busques". Eso podría ir en contra, como ustedes saben, del porqué están aquí. Y lo que están tratando de hacer ahora como alumnos aquí, tratando de subir por la escalera, sea cual sea en la que estén.

¿De qué estaba hablando Jeremías cuando dijo, 'si está buscando grandes cosas para ti mismo, no las busques'? ¿Es siempre la ambición pecaminosa? Bueno, si lo fuera, entonces qué está haciendo aquí en la Biblia, el apóstol Pablo, de regreso al versículo 9, cuando dice: "Tenemos como nuestra ambición" en otra traducción. Aquí quiero que conozcan a un hombre que es ambicioso como ninguna otra persona que jamás vivió. Digo, básicamente fue la naturaleza de Pablo el ser extremo. Él fue extremo antes de que se convirtiera, ¿verdad? Esa es la razón por la que tomó un acto extremo por parte de Dios el redirigirlo.

Digo, él no solo hacía las cosas a medias. Si él iba a perseguir cristianos, iba a ser hasta el extremo. Así es como vivió su vida siguiendo a Cristo también. No hay duda alguna de que este es un hombre motivado.

¿Qué es entonces lo que Jeremías estaba prohibiendo y Pablo está permitiendo e inclusive honrando y hasta confesando hacerlo? Simplemente es esto: el punto de Jeremías es que si estás buscando grandes cosas para ti mismo, no las buques. Y creo que es bastante obvio que Jeremías no estaba condenando toda la ambición como pecaminosa, sino mostrando que el egoísmo siempre es pecaminoso y corrompe.

Los griegos hicieron lo que creo que el mundo pecaminoso siempre hace, inclusive en la actualidad. Ellos hacen cosas nobles del pecado y los griegos, de hecho, superaron el significado de la palabra y convirtieron a la ambición en algo, en cierta manera, noble. La palabra griega aquí *philotimeomai*, aquí significa amar el honor. Y los griegos realmente lo amaron. Y ellos elevaron la idea de amar el honor y buscar el honor, de buscar metas nobles. Pablo habló de honor. Él habló de que "Si alguno anhela obispado, buena (o noble) obra desea". Una traducción de 1 Timoteo 3:1 dice: "Aspirar al liderazgo es una ambición honorable". Y aquí encontramos que Pablo tuvo una ambición noble. Pero su ambición no fue corrupta y les voy a mostrar por qué. Fue una especie de ambición tridimensional. Fue alta, fue ancha y fue profunda. Veamos simplemente estas tres cosas brevemente.

Él tuvo una ambición, en primer lugar, que fue alta, 2 Corintios 5:9: "Tenemos como nuestra ambición, o ausentes o presentes, serle agradables". Simplemente veamos esa frase 'serle agradables'. Eso separa la ambición espiritual de la ambición pecaminosa. Pablo nunca buscó grandes cosas para sí mismo, él siempre buscó grandes cosas para Dios. El apóstol es como un violinista a quien no le preocupa el aplauso de la audiencia, sino que le preocupa la sonrisa del Maestro que le enseñó. Él vivió para agradar al Señor. Todo lo que hizo, lo hizo para la gloria del Señor. En 1 Corintios capítulo 4, él realmente hace unas afirmaciones muy, muy poderosas acerca de esto. Versículo 3, él dice: "Yo en muy poco tengo el ser juzgado por vosotros o por tribula humano; y ni aun yo me juzgo a mí mismo". Es un detalle pequeño en mi vida el ser examinado por la gente. Realmente, no me preocupa mucho lo que ustedes piensen o lo que cualquier tribunal humano piense. Cualquier evaluación hecha por la gente tiene un valor muy limitado para mí.

Ahora, él no está diciendo eso con una actitud no saludable. Una actitud que piensa 'no me importa lo que crean', que muestra un despliegue abierto de indiferencia. Sino que él simplemente está diciendo: "Al final del día, no hago lo que hago para su aprobación. Mi rendición de cuentas realmente no es hacia ustedes, va más allá de eso. Hay una corte más elevada que cualquier otra corte humana". Él inclusive procede a decir: "Yo ni siquiera me juzgo a mí mismo, y estoy consciente de nada en contra de mí, y, sin embargo, no por esto soy justificado".

En otras palabras, él dijo: "Me es algo insignificante para mí lo que ustedes piensen. Es algo pequeño para mí lo que yo pienso. Ustedes no conocen la verdad de mi corazón y yo quizás me conozco mejor que ustedes, pero yo ni siquiera conozco la verdad de mi propio corazón, porque el corazón del hombre es engañoso. Y aunque, como se lo dijo a los corintios en el capítulo 1 de 2 Corintios versículo 12, mi conciencia está limpia, aun así, él dijo, aun cuando yo no sé de algo en contra de mí mismo, aun cuando mi conciencia está limpia, ¿no soy justificado por eso? El pecado es tan profundo en mi carne, es tan engañoso para mí que inclusive yo, en los mejores momentos de espiritualidad, no estoy en la posición de evaluar la verdad acerca de mí. Entonces, de ninguna manera vivo la vida tratando de satisfacerlos y tratando de satisfacerme. No tiene nada que ver con lo que ustedes piensan. No tiene que ver con lo que yo pienso. No tiene que ver con sentirme bien acerca de mí mismo. No tiene que ver con sentirme bien acerca de mí mismo. Él dice en el versículo 4 de 1 Corintios 4: "pero el que me juzga es el Señor".

Entonces, no juzguen las cosas antes de tiempo. Esperen hasta que el Señor venga, quien descubrirá, quien traerá a la luz las cosas escondidas en la oscuridad y descubrirá los motivos de los corazones de los hombres. Y entonces, cada hombre recibirá alabanzas a él de Dios. Y esto es lo que motivó a Pablo. Él les dijo a los gálatas que él no agradaba a los hombres. Ellos lo habían acusado de ser así. Y él niega eso en Gálatas capítulo 1.

Como ven, él tenía la meta más elevada con respecto a su ambición y eso era ser agradable al Señor. Esta es la realidad de la vida cristiana. Este es el principio básico de todo lo que somos y todo lo que hacemos y es agradar al Señor. No solo por fuera, sino también en el interior. El meollo básico de la vida cristiana es estar motivados por hacer aquello que agrada al Señor. Ofrecer tu cuerpo, por así decirlo, como sacrificio vivo, santo, agradable a Dios que es tu culto racional que tu mente sea renovada.

En Efesios 5, Pablo habla de tratar de aprender lo que es agradar al Señor. Él habla de eso una, y otra y otra vez en sus cartas. Entonces, su ambición, en primer lugar, iba hacia arriba en el sentido de que su meta más elevada era agradar al Señor. Y sea lo que sea que hagas en la vida, sea cual sea la carrera que escojas, sea cual sea el ministerio que escojas, sea cual sea el camino por el que vayas, lo que motiva a esa ambición debe ser el placer de Dios.

Pero su ambición no solo tuvo un sentido hacia arriba, tuvo un sentido hacia afuera. Observe de nuevo al versículo 9. Él dice: "o ausentes o presentes". La devoción del apóstol a esta ambición noble no conoció límites como es indicado en esa frase. Sea presente o ausente, ¿qué quiere decir con eso? De regreso a los versículos 1 al 8, regresen al versículo 8. Prefiero, dice él, estar ausente del cuerpo y estar presente con el Señor. Él está hablando de que si vive o muere.

Ahora, esta realmente es una nota importante que debemos recordar. Él ha estado hablando del hecho de que la vida es difícil para él. De regreso en el versículo 1, su tabernáculo terrenal está debilitándose. Él dice eso en otras partes, claro, simplemente retrocediendo un par de versículos al versículo 17 del capítulo 4 de 2 de Corintios. Él está experimentando una aflicción ligera. Versículo 16, el hombre exterior se va desgastando. Entonces, él entiende que conforme envejece y la persecución continua, y conforme él batalla con su carne no redimida y lucha con el pecado, su casa se está desgastando. Pero él dice que tenemos un edificio de Dios, una casa no hecha por manos, eterna en los cielos. Él ve hacia adelante a ese cuerpo eterno, ese cuerpo nuevo, ese cuerpo de resurrección.

Mientras tanto, en 2 Corintios 5:4, él dice: "gemimos con angustia", siendo cargados en este cuerpo, cargados con el pecado y debilidad y todo eso. Y después, él llega al versículo 8 y dijo: "si tuviera yo que escoger, preferiría irme al cielo". Esa es una afirmación madura y yo asumiría que la mayoría de ustedes sentados aquí no podrían decir eso. Simplemente, hay demasiado por delante en la vida ahí afuera para ustedes. Hay demasiado por delante de las cosas buenas que Dios ha colocado en la vida que aún no han experimentado. Pero es un indicador de cuán consumidos nos hemos vuelto con el mundo que nos rodea, cuando el cielo no parece ser tan bueno como la vida aquí en esta tierra. Y podríamos hablar de eso, pero realmente no es el punto que quiero presentarles.

Regresen al versículo 9. Él dice: "Por tanto procuramos —o nuestra ambición es también—, o ausentes o presentes, serle agradables". Y lo que él quiere decir con eso es que en este momento, en esta tierra, tengo la misma ambición que tendré cuando esté en el cielo y esa es agradar al Señor. Y esa es la amplitud de su ambición. Cubre el tiempo y la eternidad.

Pablo entendió que vives tu vida aquí en la tierra de la misma manera en la que la vas a vivir en el cielo. No es diferente. Y ciertamente, no vas a estar agradando a los hombres en el cielo. Y ciertamente, no vas a estar agradándote a ti mismo en el cielo, en justicia perfecta, con gozo perfecto y paz perfecta, vivirás para el placer de Dios para siempre, quien Él mismo vivirá para siempre en tu placer. Él no necesariamente está deseando irse al cielo, aunque él ha dicho en otras ocasiones que es mucho mejor partir y estar con Cristo, pero es más necesario estar aquí. Y también dijo: si vivo, vivo para el Señor. Si muero, muero para el Señor.

Entonces, sea que viva o muera, soy del Señor. Simplemente, es la continuidad de su percepción. Estoy aquí en la tierra comprometido con vivir mi vida de la misma manera en la que la viviré en el cielo. Entonces, no voy a descender por esos caminos que ciertamente no tienen lugar en el cielo. No habrá mentirosos en el cielo. No habrá adúlteros en el cielo. No habrá inmoralidad en el cielo. No habrá nada inmundo en el cielo. Será un ambiente puro de adoración a Cristo y abandono en servicio a Él para siempre. Vivo mi vida ahora como la viviré ahí. No hay límites en mi vida. Esta es continuidad completa de vida. La cúspide de su ambición es agradar al Señor y la amplitud de su ambición es que hay una continuidad absoluta entre el tiempo y la eternidad en la manera en la que vive su vida.

Y realmente, no hay otra manera de mantener una ambición santificada. Si tienes un conjunto de objetivos aquí y vas a tener que abandonarlos cuando llegues al cielo, te has perdido de algo. "Bueno, mientras que estoy aquí, estoy tratando de producir tanto dinero como pueda". "Bueno, mientras que estoy aquí estoy tratando de ascender por la escalera corporativa lo más rápido que pueda". "Bueno, mientras que estoy aquí, estoy tratando de obtener tanto poder e influencia como pueda".

Dios puede darte poder, puede darte influencia, puede darte dinero, puede darte promoción, pero la meta es agradarlo a Él. Lo que Él escoge hacer con la manera en la que lo agradas depende de Él. Por cierto, de manera inexplicable, vas a ser incomprensiblemente rico en el cielo. Entonces, Dios ciertamente no está en contra de esto. Pero su deseo para ti ahora es lo mismo que es su deseo para ti en la eternidad.

Esa es la razón por la que Pablo en Filipenses 3 hace una afirmación realmente muy interesante. Él dice: "Prosigo a la meta. Al premio". Muy bien, vas hacia una meta. "El premio del supremo llamamiento de Cristo Jesús". Esta es una afirmación muy interesante. Pablo nos está diciendo la meta de mi vida aquí, prosigo a esta meta. Es el premio del supremo llamamiento. Bueno, ¿de qué está hablando? Hazte esta pregunta: Cuando seamos llamados arriba, ¿cuál es el premio? ¿Qué vas a obtener cuando llegues al cielo? ¿Cuál es la característica más gloriosa del cielo para ti? ¿Las calles de oro? No. ¿Las puertas de perlas? No. ¿Joyas refulgentes? No. ¿Poder tocar el arpa y cantar con los ángeles? No. ¿Transmigración cruzando el cielo nuevo y la tierra nueva infinitos? No. ¿Cuál es la realidad más gloriosa que va a llevarse a cabo cuando entres al cielo? Primera de Juan 3: "Le veremos como Él es y seremos como Él es. Semejanza a Cristo. Entonces, Pablo dice: mi meta en la vida es alcanzar el premio, el cual alcanzaré cuando sea llamado arriba.

Entonces, Pablo no tiene un objetivo diferente en la vida del que es la realidad de la eternidad. La meta en la eternidad es hacerlo como Cristo, Romanos 8, conformarlo a la imagen del Hijo de Dios. Esa es la razón por la que él fue escogido y salvado. Y su objetivo, el objetivo de Dios para él en la eternidad, se convierte en su objetivo en el tiempo. Entonces, hay continuidad en su vida. No hay discontinuidad en absoluto. Él vive su vida entera para volverse como Jesucristo. Ese es el premio eterno que se convierte en su meta en la vida. Esa es la amplitud de su ambición.

Y después, hay un tercer elemento. Cuando ves estas tres dimensiones de una ambición santificada, su enfoque hacia arriba es agradar al Señor, su enfoque hacia afuera es mantener continuidad entre aquello que es eterno y aquello que es temporal. Y después, quiero que vean una tercera dimensión: su profundidad. Su profundidad. Y cuando estoy hablando de profundidad, estoy hablando de lo que motiva a esta ambición. Versículo 10: "Porque es necesario que todos nosotros comparezcamos ante el tribunal de Cristo, para que cada uno reciba según lo que haya hecho mientras estaba en el cuerpo, sea bueno o sea malo".

¿Qué te motiva? Ninguna recompensa terrenal, ningún honor terrenal, ninguna amenaza terrenal, ninguna posibilidad terrenal, ninguna circunstancia terrenal, ninguna oportunidad terrenal motivó a Pablo. Él podía enfrentarlo todo. Ahí en el capítulo 6, él dice, en lo que vivir aquí concierne, versículo 4:" he vivido en mucha paciencia, tribulaciones, necesidades, angustias", golpes, encarcelamientos, tumultos, labores, no he dormido, he padecido hambre; no exactamente tu primera alternativa para la vida.

Y algunas veces, cosas buenas vienen, versículo 7: "en palabra de verdad, en poder de Dios, con armas de la justicia a diestra y siniestra". Pero él dijo, la mayor parte del tiempo es algo así como ir de un lado al otro. Algunas veces gloria, algunas veces deshonra. Algunas veces, reportes malos. Algunas veces, reportes buenos. Algunas veces, soy considerado por algunos como un engañador. Algunas personas, creen que soy genuino. Soy desconocido por algunos, bien conocido por otros. Estoy muriendo, sin embargo, vivo. Soy castigado y, sin embargo, nunca matado. Estoy triste en el regocijo, soy pobre, pero soy rico. Así es la vida, ¿verdad? Ninguna de esas cosas realmente me mueve. No soy motivado por las circunstancias. No soy motivado por los asuntos terrenales. Esta es la realidad profundamente arraigada que motiva a Pablo y es que él tiene que estar de pie ante el tribunal de Cristo.

Algún día, vas a rendir cuentas. Aparecer, sanero, ser manifestado, ser hecho claro. El tribunal de Cristo es un término interesante, y claro, lo que entiendes es que cuando vas delante de Cristo, es que Él va a emitir el veredicto sobre lo que tu vida realmente importó como cristiano. Entiendes que todas las hipocresías se acabaron y todo el encubrimiento se acabó y que todos los secretos se acabaron y todas las fachadas se acabaron. Todo es desnudado debido a que Dios, Primero de Samuel 16:7, dice, "siempre ve en, ¿dónde?, en el corazón".

Y esa es la razón por la que de regreso en 1 Corintios 4:5 Pablo dice: "Dios, quien escudriña los corazones, conocerá los secretos de los corazones de los hombres y entonces, todo hombre recibirá su alabanza de Dios". Según Hebreos 4:13, ninguna criatura se esconde de sus ojos. Todas las cosas están abiertas y desnudas a los ojos de aquel a quien tenemos que dar cuenta. Despojados de toda pretensión. Despojados de todo disfraz. Despojados de todo engaño. Despojados de toda hipocresía. Despojados de toda pretensión externa. Estas ahí, y tu alma desnuda, por así decirlo, es descubierta en el tribunal de Cristo. *Bema* es la palabra. Palabra conocida, por cierto, para los corintios, porque había una y todavía hay uno en la calle principal y cualquiera de ustedes que han estado en Corinto, cuando van ahí alrededor del círculo de la antigua ciudad de Corinto, los llevan ahí a un lugar llamado, conocido como el Bema. Bema en sí mismo no expresa mucho. Es usado en la Septuaginta, ahí atrás en Nehemías, capítulo 8, para referirse a un lugar con peldaños. Simplemente, un lugar elevado.

Y realmente, no es inherente en la palabra necesariamente un lugar de juicio. En la cultura griega antigua, era una plataforma en donde los atletas eran recompensados por sus esfuerzos, por sus victorias. Como en la actualidad. En las Olimpíadas, cuando los ganadores se reúnen, suben a unas plataformas y son elevados. Y es ahí donde reciben sus premios. Pero la palabra también es usada en el Nuevo Testamento un par de veces para referirse a lugar del juicio de Pilato. Y era más que un lugar de recompensas. Ese fue un lugar de juicio criminal. Pero para nosotros, como cristianos, debido a que Jesús ya pagó el precio por todos nuestros pecados, para nosotros, va a ser un lugar de recompensa.

Y entonces, llegamos al tribunal de Cristo según 1 Corintios capítulo 3, toda la madera, el heno y la hojarasca de nuestras vidas se desvanece. Eso no es pecado. Madera, heno y hojarasca no son malos, como ustedes saben. Digo, la madera es útil, el heno es útil. Inclusive, la hojarasca puedes utilizarla para alimentar a un animal. Eso no es malo, es simplemente, toda la basura, todas las cosas que no importaron, todas las cosas no espirituales que se queman. Y el oro, la plata y las piedras preciosas son aquello que tuvo valor eterno y en base a eso, recibimos una recompensa eterna.

Entonces, Pablo supo que él vivió en la luz de eso. Digo, esa realmente es una perspectiva cristiana madura. No le importaba si recibía honores en este mundo en absoluto, honor, deshonra, de cualquier manera, no le importó. Él simplemente quería agradar al Señor. Esa fue su ambición. Él quería tener el mismo objetivo en el tiempo que tendría en la eternidad: la gloria de Cristo y la búsqueda de su semejanza. Y él no fue motivado por nada en este mundo sino solo por el hecho de que un día, él estaría delante de Cristo y todas las cosas sin valor en su vida desaparecerían en un momento y él, entonces, pasaría a la eternidad disfrutando la recompensa por lo que él hizo en el poder del Espíritu, lo que importó. Así es como tenemos que vivir nuestra vida.

En ese juicio, observen al final del versículo 14, dice que seremos recompensados. Eso es recompensa. Seremos recompensados. Es solo un juicio de recompensa. No va a ser una condenación. No vas a ser castigado, porque Cristo fue castigado por todos tus pecados. Únicamente, es una recompensa. Y una recompensa por lo que has hecho. Sea bueno o *phaulos*. *Phaulos*. Realmente, no es malo, es sin valor. Es una palabra que significa sin valor. No es *kakos*, lo cual significa malo. No es *poneros*, lo cual significa malo. Es *phaulos*, todo lo que es sin valor, desaparece. Ahora, esto es vivir a la luz del cielo. Esta es una ambición santificada.

Hace muchos años atrás, cuando era niño, encontré un poema que mi abuelo solía citar y lo encontré. Oí que él lo citó. Creo que lo oí citarlo cuando él estaba predicando o en uno de los sermones que él escribió hace muchos años atrás. Y realmente, se me grabó. Y entonces, como niño, memoricé el poema. Ustedes saben cómo alguna de las cosas que memorizan cuando uno es niño se te quedan. Tienes muchas cosas que no son buenas que se te quedan cuando estás creciendo, pero de vez en cuando, algo bueno se te queda. Y con frecuencia, he regresado a este poema. Mi abuelo lo escribió en la parte del frente de su Biblia y creo que lo recuerdo. Veré qué tan buena es mi memoria en este punto.

Decía algo así: "Cuando esté de pie ante el tribunal de Cristo y Él vea cómo yo lo obstruí ahí e hice algo malo ahí y no cedí a mi voluntad, ¿habrá tristeza en los ojos en mi Salvador? ¿Tristeza, aunque todavía me ama? Él me quiere rico, pero estaré ahí pobre, despojado de todo menos su gracia, mientras que la memoria corre como algo asustado por un camino por el que no puedo regresar. Entonces, mi corazón desolado irrumpirá con lágrimas que no puedo derramar. Cubriré mi rostro con manos vacías e inclinaré mi cabeza sin corona. Oh Señor, de los años que me quedan, te los entregó en tu mano. Tómame, quebrántame y muéveme para seguir el patrón que tú has planeado".

Yo no quiero estar ahí con las manos vacías y Pablo tampoco quiso. La meta más elevada, agradar a Cristo. La devoción más amplia en este mundo y el siguiente, el motivo más profundo, enfrentar a mi Señor un día en su presencia.

Padre, te pedimos que nos ayudes a ser fieles, a ser ambiciosos espiritualmente, a tener lo que podría ser llamado una ambición noble como el apóstol Pablo, que no está construida sobre nada de lo que este mundo tiene que ofrecer. Y sabe cómo humillarse y cómo abundar y estar contento si Cristo es honrado. Y que tú nos ayudes a todos y a estos nuestros alumnos y a todos nuestros ex-alumnos, en donde quiera que estén en el mundo, y a donde quiera que vayan las generaciones venideras para ser conocidos como ambiciosos por tu honor. Esa, de hecho, sería la ambición más noble de todas. Gracias por lo que estás haciendo a través de nuestros ex-alumnos inclusive ahora. Continúa bendiciéndolos y úsalos y a todos nosotros. Oramos para la gloria de Cristo. Amén.

10_Usando tu libertad

Como creyentes en el Señor Jesucristo, ¿qué es exactamente lo que tenemos libertad de hacer? Hay cosas que son muy obvias en las Escrituras, mandatos claros. Cosas que claramente Dios nos prohíbe hacer, expresadas en términos directos. No sólo hay mandatos negativos, también hay mandatos positivos, cosas que debemos hacer y que también nos son muy claras.

Pero hay un mundo entero de cosas de las que no se habla en la Biblia. Y siempre eso presenta la pregunta: ¿cómo tomó una decisión?, ¿cómo tomo una decisión de lo que debo hacer con respecto a lo que no está en las Escrituras? Cosas como, bueno, la Biblia habla de estas cosas en esta categoría: alimentos, bebida, bebidas alcohólicas, recreación, deportes, televisión, música, películas, actividades dominicales, póquer, otro tipo de juegos, fumar, peinados, estilos de ropa y sigue, y sigue y sigue.

Ahora, sé que hay algunas cosas en la Biblia acerca de este tipo de temas. De hecho, oí a un predicador hace muchos años atrás que predicó acerca del hecho de que las mujeres nunca debían peinar su cabello apilado sobre su cabeza porque las Escrituras dicen: "no bajen". Eso está en un versículo que dice: "aquellos que están arriba, no bajen". Eso es una adaptación de ese versículo y tiene que ver con la venida del Señor.

Puedes torcer las Escrituras un poco. Y hay algunos de ustedes que no pueden todavía entender lo que estoy diciendo, pero más tarde, lo van a entender. Hay ese tipo de asuntos y todos hacemos esas preguntas. Realmente, hacemos ese tipo de preguntas y, generalmente, las hacemos diariamente. Y lo fácil, y esto tiene que ver con la historia de lo que podríamos llamar el fundamentalismo, ustedes saben, no hay diversión, demasiada condenación y no hay suficiente actividad mental. Y entonces, debemos entender la historia del fundamentalismo. Quieren tener una regla acerca de todo; y entonces, ellos inventan todas las reglas para ti.

Yo asistí a una universidad como esa. No teníamos que decidir nada acerca de nada porque todo ya había sido decidido. Y ya se había hecho una regla. Había reglas acerca de la hora a la que nos debíamos despertar, a qué hora nos acostábamos, a qué hora estudiábamos, con quién podíamos hablar, qué tan lejos podíamos caminar en términos de metros con una niña a nuestro lado y antes de que tuviéramos que separarnos. Había reglas para todo y simplificaban la vida a nivel superficial, pero a nivel interno, lo hacían más complicado sin tener esperanza alguna.

¿Cómo debemos tomar decisiones acerca de cosas que no se nos indican claramente en las Escrituras? ¿Cómo desarrollamos un criterio para tomar ese tipo de decisiones en una manera que honra a Dios y de una manera que nos beneficia y de una manera que causa que el cuerpo de Cristo crezca y de una manera que hace que el Evangelio sea creíble y atractivo a los incrédulos?

Entonces, permítame darles una pequeña lista, ¿muy bien? Voy a darles un par de puntos si tenemos suficiente tiempo y espero acabarlos, aun si tenemos que apresurarnos un poco.

Número uno, haremos una pregunta: ¿será espiritualmente benéfico? ¿Será espiritualmente útil? No estamos buscando ese tipo de cosas con las que podemos salirnos con la nuestra con un daño mínimo. No estamos buscando una vida cristiana de alto riesgo. No estamos buscando qué tan cerca me puedo colocar a la orilla y aun así no quemarme. Y hay muchas personas que creen que su libertad consiste en vivir al filo de todo y tratar de evitar el desastre. Esa nunca es la pregunta.

La pregunta que comienza en nuestra mente es: ¿será esto benéfico espiritualmente? ¿Qué puedo hacer que va a tener un impacto espiritual positivo en mi vida? Observa Primera de Corintios capítulo 6, versículo 12 y simplemente, voy a seleccionar algunas Escrituras conforme avanzamos. Puedes escribirlas y estudiarlas más adelante por tu cuenta.

En el versículo 12 Pablo dice esto: "Todas las cosas me son lícitas". Y obviamente, tenemos que aclarar eso. Todas las cosas que no son ilícitas me son lícitas. Pablo, simplemente está diciendo: "Disfruto una gran medida de libertad, cosas que las Escrituras no prohíben de manera específica". Todas las cosas que son lícitas, me son lícitas. Todas las cosas que no son prohibidas, me son lícitas. Pero no todas las cosas son útiles. No estoy buscando invertir mi vida en cosas que no me dan un dividendo espiritual. Si no promete darme algún beneficio espiritual positivo, entonces, ¿por qué me voy a involucrar en esto?

Literalmente, el verbo traducido ahí útil es *sumphero*, significa unir. Unir todo para el provecho de una persona. ¿Va a ayudar de manera directa en mi desarrollo espiritual? ¿Cultiva a la piedad? Todas las cosas son lícitas si no son prohibidas por Dios, pero el mundo está lleno de cosas que prometen ningún beneficio espiritual real en absoluto. Podrías hacer una pregunta, por ejemplo, acerca de dormir. Eso no está prohibido en la Biblia. Pero dormir demasiado no te ayuda espiritualmente, obviamente.

Entonces, llamemos a este el principio de lo que es benéfico. El principio de lo que es benéfico. Voy a hacer la pregunta: ¿es esto benéfico para mi desarrollo espiritual? Si voy ahí, si hago eso, si veo eso, si experimento eso, si me involucro en esa actividad o en esa relación, ¿tiene un beneficio espiritual inmediato o a largo plazo?

Veamos un segundo punto. Vamos a llamar al primero benéfico. Esto es, útil para mí espiritualmente. El segundo, ¿va a contribuir para mi desarrollo espiritual? ¿Me va a edificar? El primero es beneficio, esto es edificación. Pasa a Primera de Corintios capítulo 10 y aquí el apóstol Pablo está hablando de la misma idea con palabras muy parecidas. Y dice en el versículo 23: "Todas las cosas me son lícitas", de nuevo, él está hablando de libertades, él está hablando de cosas que no están prohibidas. "Pero no todo me edifica". Eso es exactamente lo que dijo en el 6, como acabamos de leer en el versículo 12.

Pero después, él añade esto: "Todas las cosas me son lícitas, pero no todo edifica". Y aquí está *oikodomeo*, construir una casa, construir un cimiento para colocar la estructura. En 2 Corintios 12:19, Pablo dijo: "todo lo hacemos, amados, para vuestra edificación". Primera de Corintios 14 nos dice en el versículo 26: "todo se ha hecho para edificación". Entonces, no solo está haciendo la pregunta, ¿acaso esta actividad promete en el momento actual mi beneficio espiritual, sino a largo plazo? ¿Esto causa progreso en mi desarrollo espiritual? ¿Voy a crecer?

Si tú tan solo regresas al final del capítulo 9 de Primera de Corintios, encontrarás una pequeña ilustración de esto tomada del mundo deportivo. Pablo dijo en el versículo 24: "¿No sabéis que los que corren en el estadio, todos a la verdad corren, pero uno solo uno se lleva el premio? Corred de tal manera que lo obtengáis"; y todo el que compite en los juegos, ejerce dominio propio en todas las cosas. Entonces, si vas a ganar, vas a tener que ser mejor que el resto de la gente, ser mejor que el resto significa estar en una mejor condición, mejor forma, mejor preparación para esa competencia que el resto de la gente. Eso va a respaldarse en disciplina personal y dominio propio.

Después, lo hacen, dice él, con miras a ganar una corona perecedera. Nosotros, una imperecedera. Por tanto, corro de tal manera, no sin objetivo, golpeo de tal manera que no golpeo el aire, sino que golpeo mi cuerpo, eso es golpear. La idea es que golpeo mi cuerpo y lo pongo en servidumbre, no sea que, habiendo sido heraldo para otros, yo mismo venga a ser descalificado. Él está hablando de dominio propio, de negación personal, cualquier cosa que lo va a fortalecer para tener más éxito y ser más eficiente en la carrera. Golpear, por cierto, es una palabra muy interesante *hupopiazo*, significa golpear a alguien en el rostro, hacer que su ojo se ponga negro. Golpeo mi cuerpo, lo sujeto. Yo no alimento sus lujurias y sus deseos. Yo hago lo opuesto.

Entonces, siempre estoy haciendo la pregunta, ¿acaso esto en sí mismo va a ser para mi beneficio espiritual? Y, en segundo lugar, ¿va a continuar moviéndome para que progrese hacia el desarrollo espiritual? Llamemos a ese principio entonces, edificación.

Hay un tercer principio que sigue la idea de la metáfora deportiva conforme unimos estas. Ve al capítulo 12 de Hebreos. Un capítulo muy conocido. La gran nube de testigos del capítulo 11 que nos demuestran la viabilidad y bendición de la vida de fe. Pero aquí en el capítulo 12, versículo 1, nos encontramos un tercer principio. ¿Acaso va a hacer que yo vaya más lento en la carrera? Esta es otra manera de ver cualquier cosa que escojo hacer.

En primer lugar, ¿me va a ayudar espiritualmente? Eso es positivo. ¿Me ayudará a progresar en el camino de la edificación? Eso es un positivo. Aquí hay un enfoque negativo. ¿Va a hacer que yo vaya más lento la carrera? Si yo hago esto, ¿va a hacer que yo reduzca la velocidad?

Permíteme mostrarte el lenguaje. "Por tanto, nosotros también, teniendo en derredor nuestro tan grande nube de testigos", como lo vimos en el capítulo 11 de la vida de la fe y sus beneficios, "despojémonos de todo peso y del pecado que nos asedia y corramos con paciencia la carrera que tenemos por delante". La carrera es *agon*, por cierto. *Agon* es algún tipo de agonía. Yo corrí en atletismo en la preparatoria y en la Universidad y no hay un deporte en el que jamás haya participado en mi vida que sea tan agonizante como el correr. Y hay una recompensa tan pequeña por correr. Esa es la razón por la que no entiendo el salir a correr sin meta alguna. Por lo menos, si estás en una carrera en sí, puedes tener la oportunidad de ganar. Nunca nadie gana cuando sales a correr. Es como jugar básquet sin tener canastas.

Pero la palabra *agon* es una palabra fuerte. Tiene que ver con demandar el esfuerzo más intenso, dominio propio, disciplina personal, determinación, perseverancia, demanda perseverar. Notarás ahí que en el versículo 1 también habla de perseverancia, *hupomone*, una determinación estable. Significa permanecer debajo de. Lo que quiere decir es permanecer debajo de la presión, permanecer debajo del dolor. Permanecer debajo de la agonía del acontecimiento hasta que termines la carrera. Hasta el final. Necesitamos correr con perseverancia.

Y esto nos recuerda un punto muy importante. Y es algo triste pensar en esto. Pero he vivido ya por suficiente tiempo como para ver a mucha gente que corrió muy rápido en la parte del frente, pero de alguna manera, se colapsa a la mitad de la carrera y no perseveran hasta el final. Veo a mi papá que murió hace dos años atrás este próximo junio, 91 años de edad. Y todavía estaba predicando la Biblia cuando tenía 90 años de edad. Y creo que lo que es tan maravilloso entre muchas cosas acerca de mi papá es que él corrió así hasta el final. Él corrió la carrera hasta el final. Él todavía estaba leyendo cuando tenía 90 años de edad, preparándose para enseñar la Palabra de Dios. Ese es un tipo de perseverancia sorprendente.

Con frecuencia, me acuerdo de una competencia en la que estuve cuando estuve en mis días de universitario. Estuve en una competencia de relevos en Orange County, nuestra Universidad estuvo ahí. Estábamos en la final. Era una carrera de cuatro hombres y yo era el segundo. El primero es el que sale, el segundo lo pierde, y los últimos dos son los que se recuperan. Yo, básicamente era un jugador de béisbol convertido en un esprínter. Nuestro primer hombre corrió y me entregó la estafeta. Corrí la mejor carrera de mi vida, llegué en primer lugar, lo cual fue emocionante. Se la entregué a Ted, el tercer hombre. Le entregué la estafeta en su mano, un pase perfecto ahí, sobre el mismo carril. Íbamos muy bien. Y estábamos en un lugar para ganar la carrera. Y Ted, entonces da la vuelta y llega al otro lado de la pista y a la mitad de la pista, se detiene. Se sale y se sienta en el césped. Se acabó. Terminó. Yo estaba en shock. Llegué corriendo con él y le dije: ¿Qué pasó? Por cierto, lo vi no hace muchos meses atrás y tuve realmente un mal sentimiento, es como hace 40 años atrás. Raro. Me acerqué. Y corrí y le pregunté: "Ted, ¿qué pasó?" Y él dijo: "No sé, simplemente no tuve ganas de correr". ¡Oh! Quería pegarle con mis tacos, ¿me entienden?

Hay algo maravilloso en perseverar. Ahora, ¿cómo vas a poder correr una carrera con perseverancia? ¿Cómo vas a poder correr la carrera de tal manera que no te colapses, que no avergüences al Señor, que no traigas vergüenza sobre tu vida? Que no deshonres a la Iglesia en el nombre de Cristo con algún gran fracaso.

¿Cómo corres con perseverancia? Dos cosas tienen que enfrentar. Tienes que despojarte de dos cosas. Todo el peso y el pecado. Ahora escucha, debido a que esas dos palabras están ahí, peso y pecado, entendemos que no significan lo mismo. Entonces, pecado la entendemos con claridad. Sabemos lo que es el pecado.

Pero, ¿qué es peso, si no es pecado? Es cualquier cosa que te hace ir más lento. Es cualquier cosa que te hace ir más lento. Podría ser Internet. Podría ser la Game Boy o uno de estos otros Xbox, ni siquiera sé de lo que estoy hablando. Pero eso es. Si no es físico, no lo entiendo. Si es digital, no lo entiendo. ¿Qué es un peso? *Onikos*, en el griego, *onikos*, eso es lo que significa. Es peso, no es pecado. Es como un esprínter bien preparado que trae pesas en los tobillos y trae puesta una gabardina. ¿Por qué haría eso? No está mal, se permite. Nada más que es innecesario. Es peso innecesario. Hace que se reduzca tu velocidad. Quita tu atención. Te quita la energía, quita tu entusiasmo por las cosas de Dios.

Escribí un blog hace un par de semanas atrás acerca de un pastor popular, a quien cada vez que lo oigo predicar, demuestra su conocimiento de South Park, como si él conociera todos los episodios de ese tipo de programa tan bajo y que deshonra a Cristo. Y puede repetir todas las letras de todo tipo de canciones contemporáneas. Y yo me hice la pregunta, ¿acaso esto en el mejor de los casos, si no es pecaminoso, acaso esto no es tratar de identificarse con la cultura? ¿Acaso esto realmente no es como correr la carrera con pesas en tus tobillos y una gabardina puesta? Realmente, ¿necesitas ese peso? ¿Necesitas estar cargando eso en tu mente para que ocupe el espacio que podría pertenecer a las cosas que realmente son preciadas y que transforman la vida? Para los judíos, fue la ley ceremonial del Antiguo Testamento. Necesitaban aprender a desechar ese peso. Fue un proceso. Pero necesitaban superarlo. Cualquier cosa que reduce tu velocidad, cualquier cosa que te retarda, que te restringe, cualquier cosa que te quita tu energía de manera innecesaria, que no contribuye a la carrera. Llamemos a este el principio del exceso. Entonces, tenemos un principio de lo que es benéfico, otro de edificación y otro de exceso.

Permíteme darte un cuarto. Regresa de nuevo a 1 Corintios 6. Y aquí hay otro principio muy útil. Y el mismo versículo, de hecho, 1 Corintios 6:12, "Todas las cosas me son lícitas, mas no todas convienen". Ya hablamos de eso. Pero veamos este: "todas las cosas me son lícitas, mas yo no me dejaré dominar de ninguna".

Entonces, aquí está la pregunta: ¿Me meterá a la esclavitud? ¿Acaso esto va a desarrollar tal apetito que se va a volver algo que forma un hábito? ¿Qué se apodera de mí? Qué tan ridículo es para un hombre, por diseño de Dios, el rey de la tierra, el pináculo de la creación de Dios, convertirse en un esclavo de una computadora o un esclavo de un juego o esclavo de un pasatiempo o un esclavo de una televisión, un esclavo de lo que sea. Bebidas, drogas, fumar, meter hierbas en tu cara y encenderlas no tiene sentido para mí. Y después, que pase humo por tu nariz... ¿Con qué propósito? Puedes volverte adicto a cualquier cosa.

Somos criaturas diseñadas para hábitos. Somos pecadores habituales antes de que somos salvos y es difícil convertirte en una persona justa habitual, aún inclusive cuando el Espíritu de Dios ha hecho una obra poderosa y continúa haciéndola, porque somos criaturas de hábitos. Y esos hábitos están profundamente arraigados en nosotros.

Fuimos hechos para hábitos. Somos hechos, cuando somos salvos, para hábitos buenos. Es lo que está diciendo Efesios 2:10, que literalmente fuimos vueltos a hacer para buenas obras y necesitamos asegurarnos de que hacemos el máximo esfuerzo para crear el tipo de hábitos que son buenos. Algunas personas son adictas, literalmente, a la música. Algunas personas, son adictas a cierto tipo de música, ropa, siguiendo la última moda, adictos a las compras. Ustedes saben, hay todo tipo de estas cosas y no estamos hablando de estas cosas que son cosas inmorales en el área de las adicciones. Simplemente, estamos hablando de cosas que entran a su vida y se apoderan de tu vida. Y cuando tomas decisiones acerca de lo que haces, esas decisiones son influenciadas por la necesidad de satisfacer este deseo controlador.

Normalmente, no se necesita mucho tiempo para que alguien cultive hábitos que se apoderan de su vida, aunque en sí mismos no son pecado. Y después de eso, aunque en sí mismo no son pecado, después, se convierten en hábitos pecaminosos. Llamemos a este principio, el principio de la esclavitud. Yo no quiero hacer nada que tenga el poder de controlarme. Y sabes una cosa, en mi propia vida personal, a lo largo de los años, constantemente en mi mente está el no hacer lo que tengo la libertad de hacer por el mero propósito de establecer el hecho de que todavía estoy en control de lo que hago.

Hay ocasiones, cuando quiero hacer algo, simplemente no lo hago, porque quiero decirme a mí mismo no está mal hacerlo, simplemente quiero asegurarme de que todavía tengo el poder de decir no. Podría ser un helado de chocolate, realmente algo simple como eso. Hay otras veces, cuando tengo el deseo y lo disfruto. Pero nunca quiero meterme en un patrón en donde he perdido el control, porque creo que esto afecta cómo vives también a nivel espiritual.

Número cinco en mi lista, y un principio muy importante. En cierta manera, aquí damos la vuelta en la esquina. Esta es una pregunta que se tiene que hacer. Realmente, ¿va a encubrir mi pecado? Realmente, ¿será un encubrimiento para mi pecado? ¿Qué quieres decir con eso? Pasa a 1 Pedro 2:16. Oyes a la gente decir todo el tiempo: "Bueno, estoy libre en Cristo. No tenemos reglas contra eso. No está mal hacer eso. Tengo la libertad de hacer eso".

Escucha lo que Pedro escribe en 1 Pedro 2:16: "actuad como libres", él dice, y lo están, han sido hechos libres en Cristo, "como libres, pero no como los que tiene libertad como pretexto para hacer lo malo". ¡Guau! Tengo libertad de ir al cine. Tengo libertad de hacer eso. Tengo libertad de hacer eso, no hay nada en la Biblia en contra de eso. El arte es algo maravilloso y es una realidad. Y es la manera en la que el mundo vive y necesito estar informado acerca de eso. Y soy selectivo. ¿En serio? ¿Es eso lo que estás haciendo? ¿Vas para valorar el arte? ¿O acaso esta libertad que tienes realmente está encubriendo un deseo malo en ti? Y cuando vas ahí, ¿qué es lo que estás buscando? ¿Qué es lo que estás esperando en la película? ¿Estás convirtiendo la libertad en licencia?, como Gálatas 5:13.

Llamemos a este principio, el principio del encubrimiento. Es cuando dices una cosa, pero realmente, tienes otra cosa en mente y has usado tu libertad como una mentira. Tu libertad como una cubierta falsa para involucrarte en una actividad pecaminosa.

Número seis, ¿me hará ignorar mi conciencia? Ahora, podríamos pasar una semana entera hablando de la conciencia. Algo muy importante. Y quizás, algún día haremos eso. Pero pasa a Romanos 14 por un momento. Simplemente, vamos a darles el panorama general el día de hoy. Cuando entiendes la función de la conciencia, te beneficias mucho de ella. Permíteme tan solo dártela rápidamente. ¿Muy bien?

Tenemos la ley de Dios escrita en nuestros corazones desde que nacemos, Romanos 2. Aún aquellos que no tienen la ley escrita, tienen la ley de Dios escrita en sus corazones, ¿muy bien? Ese es un deber moral. Hay un sentido sustancial de cimiento de lo que está bien y lo que está mal que es parte de la mente humana. Es parte del ser humano el identificar o el distinguir lo que está bien de lo que está mal. De hecho, en el Antiguo Testamento, cuando el profeta Jonás al final de la profecía se refiere a la ciudad de Nínive, dice que hay unos 120,000 que no pueden distinguir su mano derecha de su mano izquierda. Y esa es una descripción de niños que es un paralelo en los escritos mosaicos que dicen que no conocen lo que está bien de lo que está mal. Están debajo de la edad en la que entienden lo que está bien de lo que está mal. Estamos hablando de gente pagana. Gente que no distingue lo que está bien de lo que está mal porque simplemente son infantes, son niños pequeños. La suposición entonces es que van a crecer hasta saber lo que está bien y lo que está mal. Es parte de ser un humano maduro el tener ese sentido moral.

Ahora, ese sentido moral se convierte entonces condicionado por tu cultura, es condicionado por tu religión, por ejemplo, estos terroristas, por ejemplo, ahí en Irak que se hacen explotar el uno al otro, no sé si 75 personas esta mañana, y dejaron afectados a otros 100. Y lo hacen diariamente, lo hacen porque están bajo la obligación moral de una conciencia que les dice que necesitan hacer esto porque esto es lo que es su ley religiosa demanda. Entonces, podrías ver que sea cual fuere el concepto de lo que está bien y lo que está mal con el que nacieron es parte de ser humano y ha sido alterado de manera inmensa por la cultura religiosa en la que han sido criados.

Y es lo mismo en Estados Unidos. Tenemos una cultura religiosa diferente y lo que tenemos en la actualidad es una población de gente que el sentido de lo que está bien y lo que está mal ha sido mitigado al punto de que nos reímos de la homosexualidad, nos reímos de la perversión sexual, hemos perdido la realidad de nuestro entendimiento moral que viene por parte de Dios inclusive para un incrédulo. Y realmente, es un cimiento para cultivar una convicción más adelante en la vida y una conversión más adelante.

Ahora, esa es la ley moral. Puede estar mal informada. Y está mal informada en nuestra cultura. Entonces, la conciencia de la gente está mal informada y puede convencer a la gente de lo que debería convencerla y no debería ser. Permíteme explicar lo que quiero decir con eso. También se te da, por parte de Dios, un mecanismo llamado conciencia. La conciencia no es una ley moral. La conciencia no es un conjunto de reglas. No es lo que está bien y lo que está mal. Es simplemente un mecanismo que es provocado por tu ley moral. Y si tú eres un musulmán, dispara a tu conciencia y tu conciencia mueve tu emoción y tu emoción, mueve tu voluntad y actúas. La conciencia es como un tragaluz. No es la luz. Es el tragaluz lo que permite que la ley entre, sea cual sea la ley moral o la ley ética a la que te sometes. Esa es la razón por la que puedes ver a homosexuales ser tan apasionados, tan celosos por defender su causa. Y literalmente, se enojan, son hostiles por sus demandas. Sus conciencias operan en respuesta a un conjunto corrupto de convicciones. La conciencia únicamente es un mecanismo.

El paralelo es el dolor. El dolor es un mecanismo divino dado a ti por Dios. Es algo bueno porque el dolor es el mecanismo que te dice que algo está mal con tu cuerpo. El dolor no es lo que está mal. Es el mecanismo que es disparado cuando algo está mal. Deja de hacer eso, te estás lastimando. Busca ayuda, algo está mal. Eso es un regalo de Dios. No hay dolor, y te mueres. Te mueres. Eso es la lepra. La lepra es una enfermedad de los nervios. No puedes sentir nada, de tal manera que terminas rascándote los dedos a tal grado, que te quedas sin dedos. Te rascas la nariz a tal grado, que te quedas sin nariz. Te rascas las orejas a tal grado, que te quedas sin orejas. Te rascas tanto la cara, que te quedas sin cara. Te rascas tanto los pies, que te quedas sin pies. No te come, simplemente es insensibilidad. Y no sabes cuánta presión aplicar y terminas rascándote tanto tus extremidades, que terminas sin extremidades. Entonces, eso es lo que la conciencia hace. Es como el dolor. Simplemente, reacciona a un conjunto de convicciones.

Ahora, eso me lleva decir esto. Debes tener un conjunto de convicciones correctas y lo tienes. También debes asegurarte de que no acostumbres a tu conciencia a ignorar esas convicciones. La Biblia habla acerca de que tu conciencia se cauterice. Eso significa cubrirla con tejido que está muerto de tal manera que no puedes sentir nada. En la parte del medio de mi espalda, perdí la mitad entera de mi espalda siendo expulsado de un automóvil cuando estaba en mi primer año de universidad, derrapándome por varios metros ahí a lo largo de una autopista. Nunca he sentido ahí nada, simplemente es tejido muerto. No debes hacerle eso a tu conciencia porque debe sentir.

Fue Charles Wesley quien escribió un himno acerca de la conciencia. Creo que es el único que jamás ha sido escrito, nunca nadie lo canta. Pero él quería que la conciencia sintiera todo impulso de la ley justa de Dios que estaba en su mente. Y nunca debes hacer que tu conciencia se acostumbre a violar eso. Puedes destruirte a ti mismo al tener el conjunto equivocado de convicciones morales. También, puedes destruirte a ti mismo al hacer que tu conciencia se acostumbre a ignorar esas convicciones.

Ahora, con eso en mente vea Romanos 14. Y este pasaje, bueno, comenzaremos desde el principio. "Recibid al débil en la fe, pero no para contender sobre opiniones". Aquí tenemos un asunto en donde alguien viene a Cristo del mundo gentil. Este hombre tiene algunas convicciones, algunos sentimientos por su vida pasada que controlan sus libertades, podría ser el caso de un judío también, si un judío, un judío ortodoxo, venía a Cristo, no podías darle un sándwich de jamón al otro día. No podías hacerlo. No podía él violar su ley kosher, porque, si él vivió así su vida entera, aunque él ha venido a Cristo, su conciencia todavía lo va a molestar y lo va a convencer de pecado en esas cosas que son parte de la médula de su vida. Y si eras gentil y creciste con la idolatría y todo lo que estaba conectado con la idolatría, había ciertas cosas de la idolatría que cuando venías a Cristo, las rechazabas en su totalidad, como la comida, como la carne ofrecida a los ídolos. Y si tratabas de darle a un creyente nuevo carne ofrecida a los ídolos y le decías: 'Ah, no te preocupes, tienes libertad de comer esta carne', él se ahogaría con ella porque su conciencia lo acusaría, porque él se acuerda de las orgías y los horrores y las blasfemias de ese tipo de vida y no quiere tener nada que ver con eso.

Entonces, hay muchos escenarios en donde la conciencia todavía no ha tenido tiempo de responder a un nuevo conjunto de leyes que están siendo desarrolladas en el corazón mediante el ministerio del Espíritu y la Palabra. Entonces, hay algunas personas que todavía son débiles en la fe, no entienden sus libertades, no creen que pueden comer todas las cosas. Ellos quizás comen únicamente vegetales, porque no quieren comer carne ofrecida a ídolos. Quizás, son judíos, no quieren comer nada que sea inmundo. Versículo 3: "El que come, no menosprecie al que no come, y el que no come", no puedes menospreciar a estas personas, por favor. Disfruta de tu libertad. "El que come, no menosprecie al que no come, y el que no come, no juzgue al que come; porque Dios le ha recibido. ¿Tú quién eres, que juzgas al criado ajeno? Para su propio señor está en pie, o cae; pero estará firme, porque poderoso es el Señor para hacerle estar firme. Uno hace diferencia entre día y día". Si siempre has estado en un ambiente judío, si crees que el día de reposo era el día correcto, vas a creer que el día de reposo todavía es un día crítico de oración para el Señor, porque ese es el sistema de convicciones que ha sido inculcado en ti. Tu conciencia va a reaccionar a eso. Por otro lado, si sales de un ambiente gentil, no vas a tener ninguna preocupación en particular por el día de reposo. Entonces, van a diferir.

"Uno hace diferencia entre día y día; otro juzga iguales todos los días. Cada uno esté plenamente convencido en su propia mente. El que hace caso del día, lo hace para el Señor; y el que no hace caso del día, para el Señor no lo hace. El que come, para el Señor come, porque da gracias a Dios; y el que no come, para el Señor no come, y da gracias a Dios. Porque ninguno de nosotros vive para sí, y ninguno muere para sí. Pues si vivimos, para el Señor vivimos; y si morimos, para el Señor morimos. Así pues, sea que vivamos, o que muramos, del Señor somos".

Entonces, nunca debes hacer algo que viole tu conciencia. Y creo que es importante recordar esto inclusive en una comunidad como esta. Hay muchos de ustedes que vienen de trasfondos en donde hubo ciertas cosas que pensaban que estaban mal. Fuiste criado en una familia para pensar que esas cosas estaban mal. Si vas en contra de lo que tu conciencia te dice, aunque tienes libertad de hacerlo, comienzas a hacer que tu conciencia se acostumbre a ignorarla. Comienzas a acostumbrarte a ignorar tu conciencia. Eso no es útil. No debes acostumbrarte a ignorar tu conciencia.

Ve al versículo 22: "¿Tienes tú fe? Tenla para contigo delante de Dios". No te acostumbres a ignorar tus convicciones, porque con el tiempo vas a crecer. Con el tiempo, vas a entender. Con el tiempo, vas a disfrutar de algo de liberación de esas cosas y tu conciencia va a afirmarte, en lugar de convencerte de pecado. Tu conciencia te va a justificar en las palabras de Pablo, en lugar de acusarte.

Pero el resto de nosotros, que quizás estemos un poco más adelantados, afirmamos que no debes hacer nada que viole tu conciencia. Algunas veces, alguien, en un grupo de personas, van a hacer algo y dice: "No creo que debo hacer eso, tengo convicciones acerca de eso. No me siento cómodo haciendo eso". Entonces, debes honrar a esa persona de manera completa. Hay una ilustración perfecta de un hermano más débil cuya conciencia no debes contaminar, porque no solo va a traerle convicción, sino que va a traer una pérdida de gozo, va a traer una carga de culpabilidad y lo va a empujar hacia atrás en la dirección equivocada. El Señor está a cargo de cada uno de nosotros. La fe que tenemos es la fe que tenemos. "Feliz", versículo 22, "es aquel que no se condena a sí mismo en lo que aprueba".

No debes llegar al punto en donde tú estás, en nombre de la libertad y bajo algún tipo de presión, haciendo algo que tú crees que no está bien. Porque, si dudas, vas a condenarte. Si comes, porque no estás comiendo a partir de la fe. Y lo que no es de fe, es pecado para ti. No te acostumbres a ignorar tu conciencia. Sé paciente en donde tu conciencia te convence de que algo está mal, es maravilloso. Eso es lo que eres delante del Señor. Debes tener tus convicciones delante de Dios y con el tiempo, Dios te va a hacer crecer para disfrutar de tus libertades. Yo llamo a ese el principio de infiltración. Estás infiltrándote, en un sentido, en territorio sagrado. El territorio de la convicción y de la conciencia, ¿muy bien?

Número siete: ¿ayudará a otros por su ejemplo? Vamos a ver este rápidamente. Primera de Corintios 8:9: "Pero mirad que esta libertad vuestra no venga a ser tropezadero para los débiles". Al final del versículo 13, "no comeré carne jamás" en el contexto de carne ofrecida ídolos, "para no poner tropiezo a mi hermano." ¿Está mal comer carne ofrecida a los ídolos? No. Pablo de acaba de decir que no está mal comer carne ofrecida a los ídolos. Un ídolo no es nada. Un ídolo no es nada, no importa, puedes comer carne ofrecida a un ídolo. No importa. Pero para algunas personas, importa. Fueron salvados de la idolatría y no pueden tener la libertad de comer la carne que fue ofrecida a aquellos ídolos blasfemos con los que en el pasado estuvieron asociados en maneras tan pecaminosas. Y simplemente, no tienen la libertad de comer esa carne. Bueno, entonces, si estás con ellos, no la comas. No uses tu libertad de ninguna otra manera más que para establecer un ejemplo virtuoso y piadoso para otros. Entonces, limita tu libertad.

Tom Pennington dijo eso en una pequeña sesión de preguntas y respuestas cuando dijo: "Sabes que eres espiritualmente maduro cuando tienes la libertad de no ejercer tus libertades. ¿Por qué? Porque estás preocupado con establecer un ejemplo para alguien quien, si sigue esas libertades, caería en pecado". Cuando la gente me hace preguntas de eso, le digo: "Bueno, ahí hay algo que no hago. Hay cosas que puedo hacer, pero no las hago". Y la razón por la que no las hago es porque si las hago, entonces me podría convertir yo en la persona que, en cierta manera, concedo permiso para que todo el mundo haga eso. Y quizás, no puedan enfrentar esa situación y podría llevarlos a pecar. Esa es la razón por la que no tomo bebidas alcohólicas. Por ejemplo. En primer lugar, no las necesito. Puedo tomar agua y Pepsi dietética si tengo la opción. O puedo tomar jugo, o lo que sea. No lo necesito. No estoy viviendo en la Edad Media. No estoy viviendo en tiempos bíblicos. No estoy viviendo en una época en donde lo único que había eran los jugos de frutas que se fermentaban en un ambiente cálido y tenían que ser diluidos con agua para protegerte en contra de la embriaguez. No necesito hacer esto. ¿Está mal hacer eso? No, no está mal hacer eso. Y ese no es el punto en sí mismo. Está mal embriagarte. Está mal perder tu control y perder tus sentidos, pero escojo no hacer eso porque yo estoy seguro de que, si hago eso, alguien podría decir: "Bueno, John MacArthur hace eso, debe estar bien. Vamos a entrarle a esto". Y rápidamente, alguien ya está borracho. ¿Es esa mi culpa? Realmente no, pero simplemente no quiero ser la excusa que hace que alguien tropiece y peque.

Pablo habla de esto constantemente en sus escritos, los cuales acabamos de ver hace un minuto en Romanos 14 y 15. Quizás como una referencia rápida, Romanos 15:1: "los que somos fuertes debemos soportar las flaquezas los débiles, y no agradarnos a nosotros mismos". Si eres fuerte, debes llevar las debilidades de los que son débiles, no solo agradarte a ti mismo. "Que cada uno agrade a su prójimo para lo que es bueno para su edificación".

Entonces, debes hacer lo que va a ser para el beneficio de otros que están viendo tu vida. No debes causar que tropiecen. Y además en 1 Corintios 8, no debes hacer que él se entristezca, que sea devastado. Entonces, no debes derribar la obra de Dios en su vida. Entonces, ese es el principio del ejemplo, ¿muy bien?

Número 8. ¿Llevará a otros a Cristo? Este es un punto evangelístico. Rápidamente, Romanos 14:16-18: "No sea, pues, vituperado vuestro bien; porque el Reino de Dios no es comida ni bebida, sino justicia, paz y gozo en el Espíritu Santo. Porque el que en esto sirve a Cristo, es agrada a Dios, y es aprobado por los hombres". Esa es la afirmación operativa. Aprobado por los hombres.

Cuando vives el tipo de vida que nunca abusa la libertad, tú provees la mejor oportunidad para que los hombres reconozcan de manera positiva tu vida. Si te estás llamando a ti mismo cristiano, declarando que eres cristiano y viviendo en el borde de la libertad, el mensaje podría ser un poco más difícil de comunicar, debido al modelo y al ejemplo de tu vida, porque está tan cercano a aquello en lo que toda la gente se involucra.

Creo que son las restricciones en nuestras vidas espirituales las que le muestran a la gente de manera visual la naturaleza distintiva de la obra de Cristo en nuestros corazones. Y si nuestras vidas van a ser aprobadas, *dokimos*, y si van hacer probadas por la gente que nos ve y aprobadas después de una evaluación como esa, entonces vamos a tener que vivir vidas que están lejos de la orilla, tenemos que retraernos a la zona en donde somos obviamente diferentes de nuestra cultura.

Dos más y simplemente las voy a mencionar porque se acabó el tiempo. ¿Va a ser coherente con la semejanza a Cristo? El principio que les acabo de dar es el principio de evangelismo. Si las estás escribiendo, el principio de evangelismo.

Número 9, ¿es coherente con la semejanza a Cristo? Primera de Juan 2:6: "El que dice que estamos en él, debe andar como él anduvo". Entonces, haces la gran pregunta. ¿Qué es lo que Jesús haría?, ¿verdad? ¿Qué es lo que haría Jesús? ¿Haría Jesús esto? No puede pasar esa prueba.

Y una prueba final, ¿glorificará a Dios? Por cierto, lo que Jesús haría sería el ejemplo, si estás buscando una palabra. Y la última, ¿glorificará a Dios? "Si pues, coméis o bebéis o todo lo que hagáis, hacedlo todo para la gloria de Dios". El principio de la exaltación. ¿Muy bien?

Es benéfico, ¿será útil? Edificación, ¿me edificará? Exceso, ¿reducirá mi velocidad? Esclavitud, ¿me va a meter en esclavitud? Excusa, ¿va a cubrir mi pecado? Infiltración, ¿va a hacer que mi conciencia se acostumbre en la dirección equivocada? Ejemplo, ¿va a establecer un patrón útil? Evangelismo, ¿va a llevar a otros a Cristo? Ejemplo, ¿va a ser como Cristo? Exaltación, ¿glorificará a Dios? Llamo a esto la facilidad de la toma de decisiones. Oremos.

Padre, qué gran mañana, comunión y adoración y simplemente, es maravilloso estar juntos y considerar tu Palabra y cuán rica es. Que la apliquemos para tu gloria, en el nombre de Cristo. Amén. Que tengan un gran día.

Índice escritural

Otros libros de
John MacArthur
publicados por CLIE

Colección Sermones Temáticos:

Sermones temáticos sobre escatología y profecía
isbn: 9788482679501

Sermones temáticos sobre Jesús y los evangelios
isbn: 9788482679525

Sermones Temáticos sobre Hombres y Mujeres de la Biblia
isbn: 9788482679518

Sermones Temáticos sobre Pablo y liderazgo
isbn: 9788482679532

Sermones temáticos sobre grandes temas de la Biblia
isbn: 9788482679549

12 sermones selectos de John MacArthur
isbn: 9788482678528

DESCARGA
GRATUITA

Editorial **CLIE**

Como muestra
de gratitud por su compra,

visite www.editorialclie.info
y descargue gratis:

"5 claves para elaborar un sermón que cambia vidas"

Código:

VIDA24